Ernst Büchting

**Glaubwürdigkeit Hincmars von Reims**

im dritten Teile der sogenannten Annalen von St. Bertin

Ernst Büchting

**Glaubwürdigkeit Hincmars von Reims**
*im dritten Teile der sogenannten Annalen von St. Bertin*

ISBN/EAN: 9783743611993

Hergestellt in Europa, USA, Kanada, Australien, Japan

Cover: Foto ©ninafisch / pixelio.de

Manufactured and distributed by brebook publishing software (www.brebook.com)

Ernst Büchting

**Glaubwürdigkeit Hincmars von Reims**

# Glaubwürdigkeit Hincmars von Reims im dritten Teile der sogenannten Annalen von St. Bertin.

## Inaugural-Dissertation

verfasst und

der hohen philosophischen Facultät

der

**vereinigten Friedrichs-Universität Halle-Wittenberg**

zur

Erlangung der Doctorwürde

vorgelegt

von

Ernst Büchting

aus Glogau.

Halle,
Buchdruckerei des Waisenhauses.
1887.

Meinen

teuren Eltern

in Liebe und Dankbarkeit

gewidmet.

# Einleitung.

Den ersten Platz unter den Annalen der Karolingerzeit nehmen unstreitig die nach ihrem Fundorte St. Bertin benannten Annales Bertiniani ein. Dieselben haben um so mehr Interesse und Wert für uns, als die Verfasser des zweiten und dritten Teiles derselben Männer waren, die zum Hofe in sehr nahen Beziehungen standen und in Folge dessen über alle Vorfälle sehr gut unterrichtet sein mussten.

Nachdem im Jahre 861 Prudentius von Troyes die Feder niedergelegt hatte, übernahm an seiner Stelle Hincmar, Erzbischof von Reims, die Fortsetzung dieser Jahrbücher. Derselbe ist jetzt allgemein als der Verfasser des letzten Teils der Annalen anerkannt. Dafür haben wir zunächst das Zeugnis Richers im Prolog seiner Geschichte, ferner spricht für die Autorschaft Hincmars der Umstand, dass mehrere Stellen seiner Annalen wörtlich mit Stellen seiner anderen Schriften übereinstimmen. Schliesslich tritt in seinem Geschichtswerke seine Person, besonders in seinem Berichte über die kirchenpolitischen Streitigkeiten, sehr in den Vordergrund, was uns ebenfalls zu der Annahme, Hincmar sei der Verfasser des letzten Teiles, zwingt.

Wir können einem günstigen Geschicke nicht dankbar genug sein, dass die Jahrbücher dieses Mannes, des ersten Ratgebers Karls des Kahlen, uns erhalten sind. Durch ihn gewinnt die Darstellung der Geschichte zuerst einen allgemeineren und über die Grenzen des westfränkischen Reiches ausgedehnten Charakter.

So bereichert er uns in seinen Annalen nicht nur mit Kenntnissen über die Geschichte des westfränkischen Reiches, sondern er zieht in den Kreis seiner Darstellung ebenso die Verhältnisse des ostfränkischen wie italischen Reiches, wie wichtige kirchliche Steitigkeiten hinein.

Als erster Ratgeber seines Königs, Karls des Kahlen, musste aber gerade er ganz besonders befähigt sein zu einer umfassenderen Schilderung seiner Zeit. Von einem Manne von so hoher Bildung und Stellung können wir zugleich auch eine objectivere und eingehendere Darstellung erwarten, als von einem einfachen Mönche. Trotzdem aber nehmen wir beim oberflächlichen Durchlesen seiner Annalen schon wahr, dass sein eigener politischer wie kirchlicher Standpunkt allzu sehr hervortritt.

Was seine kirchlichen Bestrebungen betrifft, so gingen dieselben besonders darauf aus, seine Metropolitanrechte teils den unrechtmässigen Ansprüchen und Übergriffen des Papstes sowie denen der fränkischen Könige, teils den ungehorsamen Suffraganen gegenüber geltend zu machen.

Seine äussere Politik war besonders darauf gerichtet, die Macht des westfränkischen Reiches zu heben; diesem wollte er feste Grenzen und eine dem Reiche Ludwigs des Deutschen gewachsene Macht verschaffen; doch konnte ihn andererseits dieses Streben nach äusserer Machterweiterung des westfränkischen Reiches nicht so sehr beinflussen, dass er nicht, wenn es ihm gerade notwendig erschien, für die Befestigung und Erhaltung der Eintracht zwischen den verwandten Königen eingetreten wäre. In seiner inneren Politik stand er dem Streben nach unumschränkter Königsherrschaft schroff gegenüber. Seine Absicht ging dahin, dass allen Grossen, besonders aber der Geistlichkeit, eine rege Teilnahme an der Regierung gestattet sein sollte.

Dieser politische wie kirchliche Standpunkt tritt allzu sehr in seinen Annalen hervor und hindert ihn, seinen Bericht völlig objectiv zu halten, sodass die Darstellung erbitterter Streitigkeiten, in die er selbst verwickelt war, ein stark subjectiv gefärbtes Gepräge erhalten musste.

Ebenso sehr war dies eine Folge seiner augenblicklichen Stimmung gegen den König. Bis zum Jahre 866 stand er mit demselben im besten Einvernehmen: beide waren gleich heftige Gegner Lothars in dessen Ehescheidungsangelegenheit mit Thietberga, beide hatten es auf die Erwerbung Lothringens abgesehen. Das seit 866 plötzlich eintretende zweideutige Benehmen des Herrschers, sein Verkehr mit dem Ehebrecher Lothar, sowie die

Preisgebung Thietbergas, der verstossenen und verachteten Gemahlin Lothars, endlich das feindselige und gehässige Auftreten des Königs gegenüber Hincmar in der Angelegenheit der abgesetzten Reimser Geistlichen führte im genannten Jahre zu einem völligen Zerwürfnis Hincmars mit seinem Fürsten. Eine Annäherung fand wieder statt, als Karl schon vor der Romfahrt Lothars eine entschiedenere Stellung gegen Lothringen einnahm, was ganz den Absichten Hincmars entsprach.

Doch diese Annäherung dauerte nicht lange: bald wandte sich Karl der Kahle wieder grollend und undankbar von seinem bewährtesten Diener ab. Besser war das Verhältnis des Erzbischofs zu Karls Sohn, Ludwig dem Stammler. Die auswärtige Politik stand in vollem Einklange mit den Ansichten und Wünschen des Erzbischofs; daher lieh er ihm auch bereitwillig seine Hilfe zur Bewältigung der inneren Schwierigkeiten. Dies Einvernehmen Hincmars mit Ludwig übertrug sich jedoch nach dessen Tode nicht auf seine beiden Söhne, Ludwig und Karlmann. Ludwig, dem ältesten Sohne des Stammlers, war der Reimser Metropolit keineswegs gewogen. Der hartnäckige Streit um den Stuhl von Beauvais, sowie die Verringerung seines Einflusses, der ihm gebührte, hatte ihn aufs tiefste verletzt. — Dieses bald gute, bald schlechte Verhältnis Hincmars zu seinem Fürsten kommt in seinen Annalen ebenso sehr zur Geltung, wie seine kirchliche und politische Auffassung.

So allgemein anerkannt dieser doppelte Standpunkt Hincmars ist, so verschieden und unsicher ist die Beurtheilung, die die Glaubwürdigkeit seiner Annalen erhalten hat. Nach Wattenbachs[1] Ansicht sind die Annalen Hincmars, der sonst zur Erreichung seiner Zwecke auch Fälschungen und Erdichtungen nicht verschmäht habe, von solchen Flecken rein und als die hervorragendste Quelle seiner Zeit zu betrachten. — Nicht ganz so anerkennend lautet das Urteil Dümmlers:[2] „Urteil und Kritik fehlen den zahlreichen Schriften des Erzbischofs keineswegs, aber nur da dürfen sie sich geltend machen, wo es für seine Zwecke passt; sie schweigen, wo sie nicht passen, so vollständig, dass Hincmar nicht blos die Fälschungen anderer, die er durch-

---

1) Deutschlands Geschichtsquellen, I, 278.
2) Geschichte des ostfränkischen Reiches, Bd. II, 214.

schaute, sich zu Nutzen machte, sondern auch selbst nun Fälschungen zu Tage fördert. Von diesem Vorwurf müssen wir jedoch seine Annalen ausnehmen, in denen er zwar nicht überall leidenschaftslos urteilt, bisweilen auch kleinere Versehen sich zu Schulden kommen lässt, im Ganzen aber bei der eindringendsten Kenntnis der Dinge eine aufrichtige Wahrheitsliebe verrät, durch welche vereinten Vorzüge er uns in seinem Werke eins der besten Denkmäler mittelalterlicher Geschichtsschreibung überhaupt hinterlassen hat."

Mit diesem Urteil stimmt im wesentlichen überein, was Schrörs[1] sagt: „Im ganzen referiert er mit treuer Wahrheitsliebe über alle Vorkommnisse, auch über die ihm persönlich unangenehmen, und war er sich in dieser Hinsicht seiner Pflicht als Historiker voll und ganz bewusst. Allerdings ist seine Darstellung jener Verhältnisse, in denen er selbst als Parteimann verflochten war, mit einiger Vorsicht zu benutzen, da er seine Auffassung von subjektiven Einflüssen nicht frei hielt. In der Geschichte seiner Zeit schrieb er auch seine eigene. Dies gilt besonders von den kirchlichen Kämpfen, die er mit den Päpsten und einheimischen Gegnern zu bestehen hatte, und von der Politik Karls des Kahlen und seiner Nachfolger, wenn er mit derselben nicht einverstanden war."

Schliesslich dürfen wir von Noordens Ansicht[2] über Hincmar als Geschichtsschreiber nicht übergehen: „Ohne Rücksicht fällt der Verfasser über Persönlichkeiten und Ereignisse, über Vorgänge im eigenen Reiche und über den eigenen König sein Urteil. Es ist ein subjektiv sittlicher Standpunkt, von welchem aus Hincmar urteilt. Insofern als er überall seine eigene Meinung durchschimmern lässt, sind seine Mitteilungen gefärbt. Aber diese Färbung, diese scharfe Beleuchtung von Recht und Unrecht, welche die Feder des in sittlicher Hinsicht streng und herbe urteilenden Erzbischofs anwendet, lässt die Folge und Wirkung der Begebenheiten, die handelnden Charaktere weit zuverlässiger in ihrer Wirklichkeit erkennen, als die allerwärts verhüllende und bemäntelnde Mitteilung der Fuldaer Annalen."

---

1) Hincmar, Erzbischof von Reims, sein Leben und seine Schriften, p. 457.
2) von Noorden, Hincmar, Erzbischof von Reims, p. 152, n. 2.

Durch gleichzeitige und zuverlässige Quellen, besonders durch die annales Fuldenses, die annales Xantenses, die vom Jahre 874 an von den annales Vedastini abgelöst werden, das bis auf vielfache chronologische Irrtümer glaubwürdige chronicon Reginonis, sowie durch zahlreiche Briefe und Urkunden sind wir in der Lage, in den meisten Fällen die Glaubwürdigkeit seiner Annalen näher zu prüfen und so eingehend zu untersuchen, in wie weit die erwähnten Urteile sich bewähren. Um dies leichter und übersichtlicher beurteilen zu können, müssen wir bei den Angaben Hincmars unterscheiden, ob er an den Ereignissen persönlich teilnahm oder zu denselben in sehr nahen Beziehungen stand und daher gut unterrichtet sein konnte, oder, ob er von dem Schauplatze der Ereignisse entfernt, weniger gut orientiert sein konnte. Unter den ersteren Punkt fallen die Berichte über die kirchlichen Streitigkeiten, sowie über die westfränkische Reichsgeschichte, unter den letzteren seine Angaben über die ostfränkische Reichsgeschichte, sowie die Ereignisse in Italien.

## Teil I.
## Hincmars Glaubwürdigkeit in seinem Berichte über Ereignisse, über die er genau unterrichtet sein musste.

### A. Glaubwürdigkeit Hincmars in seinem Berichte über kirchenpolitische Streitigkeiten.

Zu den Ereignissen, über die Hincmar ganz besonders eingehend unterrichtet sein musste, gehören in erster Linie die kirchenpolitischen Streitigkeiten. Dieselben nehmen in der Geschichte der damaligen Zeit einen hervorragenden Platz ein, in sie war Hincmar, soweit sie das westfränkische Reich berühren, persönlich verwickelt. „Für Hincmar standen seine kirchlichen Bestrebungen stets im Vordergrunde seiner Thätigkeit, mag es sich nun darum handeln, die Metropolitanrechte von Reims gegen widerspenstige Suffragane in vollem Umfange aufrecht zu erhalten, oder die Freiheit der gallikanischen Kirche wider päpstliche Übergriffe und Machtansprüche, oder endlich der Vergewaltigung des kirchlichen Besitzstandes durch den König und mächtige Grosse zu wehren."[1]

1) Dümmler, ostfränkisches Reich, II, 212.

Bei diesem kirchenpolitischen Standpunkte Hincmars muss es besonders wichtig sein, seinen Bericht über diese Streitigkeiten, in denen er die erste Rolle spielt, kennen zu lernen und zu prüfen.

a) **Streit Rothads von Soissons mit Hincmar von Reims.**

Rothad, Bischof von Soissons, hatte sich öftere Ungehörigkeiten gegen den Erzbischof zu Schulden kommen lassen. Doch dieses genügte noch nicht zu einer berechtigten Bestrafung; es fehlte noch der Anlass. Diesen bot die von Rothad eigenmächtig vorgenommene Absetzung eines des Ehebruchs überführten Geistlichen dar.[1] Nach Verlauf von drei Jahren wurde der Bischof deswegen zur Verantwortung gezogen. Da er das über den Priester verhängte Absetzungsurteil nicht aufheben wollte, wurde er auf der Synode bestraft. Rothad verlangte Appellation an den römischen Stuhl, die zuerst bewilligt, dann aber von Hincmar vollständig unterdrückt wurde. Der Papst Nicolaus, von dieser Ungerechtigkeit unterrichtet, nahm für Rothad Partei. Es handelt sich von nun an nicht mehr um die Schuld oder Unschuld des Reimser Suffragans, sondern lediglich um das Unrecht, das die Synode und an ihrer Spitze Hincmar von Reims dem Bischof durch Unterdrückung seiner Appellation zugefügt hatte. Dies ist der Kern dieses Streites.

Zum Jahre 861 berichtet Hincmar[2] von einer Provinzialsynode im Kloster des heiligen Crispin und Crispinian bei Soissons, in der Rothad, der den Ordnungen der Kirche nicht gehorchen wollte, nach den kanonischen Gesetzen von der bischöflichen Gemeinschaft ausgeschlossen wurde, bis er gehorchen wollte. Dass Rothad sich öfteren Ungehorsams und Nachlässigkeit schuldig machte, ersehen wir aus mehreren Briefen Hincmars.[3] Den wahren Anlass der Verurteilung Rothads übergeht Hincmar vollständig. Ganz wahrheitsgetreu und genau berichtet er demnach hier nicht. Dass er das Vergehen des Suffragans verallgemeinert, lässt sich vielleicht damit entschuldigen, dass er „ob sacerdotii verecundiam

---

1) Mansi, collectio concil. XV, 682 C. 684.
2) scr. 1, 455, 456.
3) Flod. hist. eccl. Rem. III, c. 21, scr. XIII, 517, 518.

et opprobrium saecularium"[1] den Anlass der Verurteilung Rothads nicht näher mitteilen wollte.

Die Absetzung Rothads berührt Hincmar eingehend in einem Briefe an den Papst Nicolaus.[2] Im Jahre 862 stellte sich Rothad freiwillig der Synode zu Pitres. Der Bericht Hincmars[3] leidet hier an Entstellungen und Unklarheit. Es heisst in Hincmars Annalen folgendermassen: Die Versammlung seiner Brüder beschloss, dass er bis zur Entscheidung seiner Appellation in Haft gehalten würde. Da er aber nach diesem Urteil des Concils immer noch nach Rom wollte, so wurde er, nachdem von dieser Synode zwölf Richter zur Ausführung des Urteils bestimmt waren, entsetzt.

Der Sachverhalt ist in Wahrheit folgender:[4] Da der Bischof auf der Synode von Pitres merkte, dass sein Urteil ungünstig ausfallen würde, verlangte er Appellation nach Rom. Diese wurde ihm von der Synode gestattet, jedoch unter der Bedingung, dass er seine Reise nach Rom in einer festbestimmten Frist antreten solle. Darauf kehrte der Bischof nach Soissons zurück; von dort sandte er nach Pitres Briefe an einen bekannten Bischof, die an die Bischöfe, die an seiner Verurteilung nicht Teil haben wollten, die Bitte richteten, ihn zu unterstützen. Der betreffende Bischof, an den die Briefe gerichtet waren, hatte sich bereits von Pitres entfernt; in Folge dessen veranlassten der König und Hincmar den Überbringer der Schreiben, diese ihnen zu übergeben. Dies ist der Bericht Rothads, der sicherlich dem unglaubwürdigen Berichte Hincmars, der angibt, das Schriftstück sei an die Synode gerichtet und darin ein Gericht selbstgewählter Richter verlangt worden, vorzuziehen ist.

Zunächst ist zu bemerken, dass Hincmar in diesem Streit ganz ungesetzmässig vorging. Ganz lügenhaft behauptet er, Rothad habe freiwillig auf die römische Appellation verzichtet. Hincmar lag daran, aus Furcht vor einem ungünstigen päpstlichen Urteil und bei seinem Streben, die Metropolitangewalt möglichst zu heben, eine Appellation an die Curie zu hintertreiben. Dazu

---

1) Hincmari opera (opp.) ed. Sirmond II, 256.
2) Opp. II, 246 ff.
3) scr. I, 457.
4) Mansi XV, 686. 682. opp. 253.

scheute er auch kein noch so trauriges Mittel. Dessen ist sich auch Hincmar wohl bewusst. Denn sonst würde sein Bericht hierüber nicht so verwirrt und unklar sein.

Er übergeht vollständig, dass die Synode Rothad die Appellation an den apostolischen Stuhl gestattete. Auf die gewaltsame Zurückhaltung Rothads von der Romreise bezieht sich jedenfalls der falsche Bericht Hincmars, die Synode hätte beschlossen, denselben bis zur Entscheidung seiner Appellation in Haft zu halten. Diese gewaltthätige Verhinderung Rothads an der Reise fand erst nach der Synode statt, nachdem er von Pitres abgereist war, um seine Vorbereitungen zur Romreise zu treffen. Bei diesem Willkürakte stützte sich Hincmar auf die falsche Auslegung der erwähnten Briefe.

Falsch ist ferner Hincmars Angabe, dass die Synode von Soissons eine Fortsetzung der Synode von Pitres gewesen sei. Dieselbe ist vielmehr von Hincmar schnell zusammenberufen, um den Bischof von der Romreise abzuhalten. Auf der Synode von Pitres hatte Hincmar noch keine Ahnung davon, dass sich für ihn durch die falsche Auslegung der erwähnten Rothad'schen Briefe eine Gelegenheit finden würde, durch eine möglichst schnell berufene Synode die Appellation gewaltsam zu unterdrücken. Gradezu sinnlos ist es, wenn Hincmar sagt, Rothad sollte bis zur Entscheidung seiner Appellation in Haft behalten werden; da er aber behufs seiner Appellation auf seiner Romreise beharrte, wurde er abgesetzt. Das Festhalten Rothads an seiner Appellation nach der Erlaubnis zu derselben kann selbstverständlich kein Grund für seine Absetzung gewesen sein.

So sucht Hincmar, in der richtigen Überzeugung, dass er sich durch einen wahren Bericht aufs Ärgste blossstellen würde, durch falsche Angaben sein Verfahren als berechtigt hinzustellen.

Darauf berichtet Hincmar[1] zum Jahre 863 weiter, dass Karl der Kahle den Bischof Rothad, wie ihm der Papst aufgetragen hatte, mit seinen und der Bischöfe Briefen nach Rom schickte. Diesen päpstlichen Befehl finden wir in zwei Papstbriefen[2] an den König: in dem einen fordert der Papst Karl den Kahlen auf, dafür Sorge zu tragen, dass Rothad wieder eingesetzt würde und

---

1) Scr. I, 462.
2) Jaffé 2713. 2738.

nach Rom käme; in dem andern, er möchte Rothad mit allen Reisebedürfnissen unterstützen.

Viel strenger und heftiger lauten die Briefe,[1] in denen der Papst dem Erzbischof einschärft, den in Haft gehaltenen Suffragan nach Rom zu senden. Dass der Papst ganz besonders an ihn deswegen Briefe richtete, ist natürlich, da mit Hincmar speciell Rothad in Zwist geraten war und Hincmar es gewesen, der die Verurteilung des unfolgsamen Bischofs zu Stande gebracht und seine Appellation hintertrieben hatte. Trotz dieser eindringlichen und scharfen Ermahnungen des Papstes erwähnt Hincmar nur dessen Befehl an Karl den Kahlen. Doch wie er im Jahre 861 sich stolz und prahlerisch als denjenigen hinstellte, der die Absetzung Rothads vollziehen konnte und wirklich vollzog, so musste er auch weniger den Befehl an den König als an sich selbst betonen. Jedenfalls war es ihm, der auch dem Papste gegenüber stets seine Selbständigkeit zu wahren bestrebt war, peinlich, von diesen Befehlen zu sprechen. Dass Hincmar, im Bewusstsein seines gesetzlosen Verfahrens gegen Rothad, von der Weigerung Nicolaus' I., die Akten der Synode von Soissons zu bestätigen, schweigt, kann uns nicht befremden.

Weiter erfahren wir von Hincmar,[2] dass den Gesandten Karls, die Rothad nach Rom begleiten sollten, von Ludwig von Italien der Durchzug verweigert wurde; die Gesandten kehrten daher wieder zurück, Rothad selbst blieb, Krankheit vorschützend, in Besançon, bis er mit Hilfe Lothars und Ludwigs des Deutschen nach Rom gelangte. Die Frage ist hier, ob der Bericht von der Verweigerung des Durchzuges auf Wahrheit beruht. Schrörs[3] zweifelt an der Wahrheit, während Dümmler,[4] von Noorden[5] und Hefele[6] in diese Thatsache keinen Zweifel setzen. Vollen Glauben verdient, wie wir untersuchen werden, Hincmars Bericht hier nicht. Zunächst war das Verhältnis zwischen Kaiser Ludwig von Italien und seinem Oheim Karl dem Kahlen in dieser Zeit ein ziemlich gespanntes. Aus diesem Grunde wäre es wohl mög-

---

1) Jaffé 2712. 2721.
2) Scr. I, 465.
3) Schrörs, Hincmar von Reims, p. 257 n. 72.
4) Dümmler, ostfr. Reich, I, 535.
5) Hefele, Conciliengesch. IV, 290.
6) von Noorden, Hincmar von Reims, p. 197.

lich gewesen, dass Ludwig, der über die Sachlage unterrichtet war und jedenfalls glaubte, eine solche Verzögerung würde dem Könige [und dem Erzbischofe] sehr unangenehm sein, diesem zum Trotz die Abgesandten an der Weiterreise verhinderte. Dies spricht für den Bericht Hincmars. Gegen seine Angaben aber spricht, dass er dem Papste, wie wir aus einem Briefe[1] desselben an Karl den Kahlen ersehen, als Grund des Nichterscheinens der Gesandten angab, dass diese gehört hätten, Ludwig von Italien würde ihnen wohl den Durchzug verweigern. Diese Angabe Hincmars muss entschieden Bedenken erregen. Wenn die Angaben in seinen Annalen, den Gesandten sei wirklich der Durchzug verweigert worden, wahr wäre, so würde Hincmar dem Papste gegenüber sicherlich nicht seine Zuflucht zu einer so läppischen Entschuldigung genommen haben, dass die Gesandten auf ein blosses Gerücht hin umgekehrt seien. Ausserdem ist es dem berechnenden Geiste Hincmars zuzutrauen, dass er in Anbetracht der Feindschaft Ludwigs von Italien gegen Karl den Kahlen ein derartiges Hindernis voraussetzte und ohne faktisches Eintreten desselben es trotzdem als Grund für das Nichterscheinen der Gesandten, das ja sein Wunsch war, gebrauchte. Sicherlich war es schon von vornherein der Plan Hincmars, dem Bischof Rothad keine Gesandten mitzugeben, weil „Hincmar und seine Freunde von vornherein überzeugt waren, dass bei dem schon gefassten Entschlusse des Papstes jedes fernere Auftreten gegen jenen nur zu neuen Demütigungen führen könne oder weil er zu einem ungesetzmässigen Verfahren in keiner Weise seine Mitwirkung leihen wollte".[2] Zum Schein liess er seine Gesandten ein Stück den Rothad begleiten und bedient sich dann dem Papste gegenüber der erwähnten Entschuldigung. Hincmar lässt sich also hier eine absichtliche Entstellung zu Schulden kommen.

In dem Berichte Hincmars[3] über die Wiedereinsetzung Rothads durch den Papst lesen wir in jeder Zeile den erregten Unwillen des Erzbischofs gegen den Papst. Er berichtet, dass der Abgesandte des Papstes, Bischof Arsenius von Orte, Karl dem Kahlen den wiedereingesetzten Bischof Rothad vorstellte. Die

---
1) Mansi, XV, 688. 689 B.
2) Dümmler, ostfr. Reich I, 537.
3) Scr. I, 468.

Wiedereinführung Rothads in sein Bistum bezeugen mehrere Papstbriefe.[1] Dass das ganze Verfahren Hincmars bei der Verurteilung seines Suffragans ungesetzmässig war, ist genügend erörtert. Demgemäss ist es auch falsch, wenn Hincmar sagt, Rothad wäre nach dem kanonischen Gesetz abgesetzt worden. Andrerseits aber war es vom Papste ein Akt der höchsten Willkür, den Synodalbeschluss ohne irgend welche Untersuchung umzustossen, und Rothad in sein Amt einzusetzen. Wasserschleben[2] und Dümmler[3] haben nachgewiesen, dass Papst Nicolaus sich nicht scheute, aus den pseudoisidorischen Decretalen zu schöpfen. Der erste von päpstlicher Seite gemachte Versuch, jenes geflickte Machwerk in das geltende Kirchenrecht einzuführen. Danach ist in dieser Hinsicht Hincmars Bericht, dass Rothad nicht nach dem Gesetz, sondern willkürlich eingesetzt sei, richtig. Doch lässt er sich zu sehr von seinem heftigen Unwillen fortreissen und verleiht seiner Erzählung dadurch eine zu subjective Färbung.

Hincmar ist also in seinem Berichte über diesen Streit nicht im geringsten glaubwürdig. Seine Angaben über die Synoden von Pitres und Troyes sowie über die Verhinderung seiner Gesandten an der Romreise sind ganz und gar falsch. Die scharfen Briefe des Papstes an ihn übergeht er, während er andrerseits, wo es gilt, seine Person hervorzuheben (a. 861. 865) sehr ausführliche Mitteilungen macht.

### b) Streit Hincmars mit Wulfad.

Hincmar von Reims, Nachfolger des abgesetzten Ebo, hatte mehrere Geistliche, die von diesem nach seiner Entsetzung geweiht waren — unter ihnen der bedeutendste Wulfad, — aus ihrem Amte entfernt. Diese erschienen 853 auf der Synode zu Soissons, um dagegen Protest einzulegen. Hier wird eine Entscheidung getroffen, die die Nichtigkeit der von Ebo seit seiner Entsetzung erteilten Weihen und die absolute Amtsentsetzung der betreffenden Geistlichen erklärt. Diese appellierten nun an den römischen Stuhl, den damals Leo IV. inne hatte. Nach dessen Tode bestätigte Papst Benedict III. nach der von Hincmar mit vielen Mühen

---

1) Jaffé 5781—2786.
2) Wasserschleben, Beiträge zur Geschichte der falschen Decretalen, p. 5—8. 77. 78.
3) Dümmler, ostfr. Reich I, 538—541.

erlangten Vermittlung König Lothars die Beschlüsse des Concils von Soissons,[1] doch mit der Beschränkung: „si ita est, nostro ut scriptis praesulatui intimastis et gestorum serie demonstrastis".[2] Im Jahre 863 ersuchte Hincmar den Papst um eine nochmalige Bestätigung des Concils von Soissons: eine Thatsache, aus der man schliessen kann, dass die Partei Wulfads gesonnen war, den vor 10 Jahren zu ihren Ungunsten beigelegten Streit von neuem aufzunehmen. Durch verschiedene Berichte angeregt, widmete der Papst den Akten des Concils von Soissons eine eingehendere Beschäftigung. Die Folge derselben war die Aufforderung an den Erzbischof Hincmar,[3] er möge entweder Wulfad und seine Genossen einsetzen oder mit den Erzbischöfen und Bischöfen Galliens und Neustriens eine Synode halten, um die genannte Angelegenheit nochmals zu untersuchen. Mit der oben erwähnten Synode von Soissons beginnt der Bericht Hincmars[4] über diesen Streit. Auf dieser Synode legte der Erzbischof vier Denkschriften vor.[5] Hincmar suchte durch diese die Synode dazu zu bewegen, „dass sie sich nicht für eine Restitution aus Rechtsgründen, sondern aus Gnade erkläre, und anstatt selbst dieselbe zu beschliessen, sie lediglich dem Papste anempfehle". Der an den Papst abgesandte Bericht über die Synode stimmt fast genau mit der Denkschrift überein:[6] „Nicolaus mag aus Barmherzigkeit die Restitution anordnen, die Bischöfe wollen dann die Ausführung des Beschlusses übernehmen. Dem Papst wird also in unbefangenster Weise zugemutet, trotzdem keine neue Untersuchung stattgefunden hat, doch indirect anzuerkennen, dass die frühere Synode von Soissons vollkommen gerecht geurteilt hat — Nicolaus soll ja nur auf dem Gnadenwege die Wiedereinsetzung vornehmen, — und dass es seinerseits ein Irrtum war, zu glauben, der Process müsse oder könne überhaupt wieder aufgenommen werden".

Mit dem Beschluss, dass Nicolaus nur aus Barmherzigkeit die abgesetzten Geistlichen restituieren soll, stimmt der Bericht

---

1) Mansi XV, 110.
2) Cf. hierüber Schrörs, p. 270—292.
3) Jaffé 2802.
4) Ss. I. 471.
5) Mansi XV, 712—725. Opp. II, 265—281. Schrörs p. 278.
6) Schrörs p. 279.

der ann. Bertin. überein:[1] es wurde beschlossen, dass die Geistlichen gemäss der Nachsicht des nicänischen Concils wider die, welche der verurteilte Meletius ordiniert hatte, sowie nach der Tradition des afrikanischen Concils bezüglich der Donatisten, in ihre Würden wieder eingesetzt werden sollten. Dagegen ist es eine Entstellung der Wahrheit, wenn Hincmar sagt, dass die regelrechte Entscheidung der Synode der Bischöfe aus den 5 Provinzen über die Geistlichen durch die Unterschrift der Päpste Benedict und Nicolaus bestätigt worden sei. Wie schon oben gezeigt ist, hatten beide Päpste mit einem sehr beschränkenden Zusatze[2] ihre Zustimmung zum Beschlusse der Synode gegeben; ein Zusatz, der es ihnen jederzeit ermöglichte, die Entscheidung als ungiltig zu erklären.

Karl übertrug nun eigenmächtig dem Wulfad das Erzbistum von Bourges; dies bezeugt ausser unsern Annalen[3] noch ein Brief Karls an den Papst.[4] In Hincmars Bericht über die Ernennung seines Gegners zum Erzbischof von Bourges tritt deutlich sein heftiger Unwille zu Tage. Wie weit sich Hincmar in seinem Berichte von den Einzelheiten der Ordination zu etwaigen Schmähungen und Entstellungen hinreissen liess, können wir bei dem Mangel an sonstigen Quellen nicht mehr beurteilen.

Weiter erzählt Hincmar[5] die Übergabe der päpstlichen Schreiben an Karl den Kahlen durch den zurückgekehrten Eigil von Sens zu Samoussy bei Laon am 20. Mai. Hincmar sagt hier, dass in diesen Briefen viele Verwünschungen gegen ihn enthalten waren; doch fügt er den verdächtigen Zusatz hinzu, dieselben seien offenbar nicht wahr gewesen. Der Papst wirft Hincmar hierin vor, er habe auf betrügerische Weise die Urkunde Benedicts III. erlangt; diese soll er ferner durch Ausradierung der erwähnten Clausel[6] und durch Zusätze an andern Stellen gefälscht haben. Wieweit der Papst hierin Recht oder Unrecht hat, ist schwer zu entscheiden;[7] doch scheint Hincmar von einer derartigen Schuld nicht ganz frei gewesen zu sein.

---

1) a. a. O.
2) „si ita est, ut — intimastis".
3) Ss. I, 471. 472.
4) Mansi XV, 734.
5) Ss. I, 474. Mansi XV, 738. 745.
6) „si ita est, ut — intimastis"
7) Schrörs p. 283. n. 62.

Ferner weist Nicolaus — und zwar mit Recht — Hincmars Erklärung, er habe an der Entsetzung Wulfads und seiner Genossen keinen Anteil gehabt, als falsch nach. „Wenn diese Behauptung der Wahrheit entspräche", so heisst es in dem Schreiben,[1] „so wäre damit von Hincmar selbst die Ungiltigkeit der erwähnten Clausel anerkannt, da Benedict der Unterschrift des Erzbischofs ausdrücklich gedenke." Also ist es entschieden falsch, wenn Hincmar behauptet, diese Vorwürfe seien unberechtigt.

Weiter erfahren wir von Hincmar[2] von der im Auftrage des Papstes von Karl berufenen Synode von Troyes. Zu derselben bemerkt Hincmar: „Hier unternahmen einige Bischöfe, Wulfad begünstigend, wider die Wahrheit und heilige Autorität der Canones gegen Hincmar mehreres vorzubringen; Hincmar aber trat ihren Wühlereien mit Beweisen der Vernunft und Autorität entgegen und nach der Ansicht der überwiegenden Mehrzahl der Anwesenden verfassten die versammelten Bischöfe eine Darlegung der Thatsachen, um die es sich handelte." Auf solche Streitigkeiten lässt sich aus dem Synodalschreiben an den Papst schliessen,[3] in dem die Bischöfe den Wunsch äussern, der Papst möge durch seine Entscheidung der Überhebung der Metropoliten wie der Nachlässigkeit der Bischöfe ein Ziel setzen; nur der Papst möge fernerhin über die Absetzung eines Bischofes entscheiden. Dieser Grundsatz, der der Sammlung der pseudoisidorischen Decretalen entnommen ist, scheint auf der Synode den Anlass des Streites zwischen den Bischöfen und dem Erzbischof gebildet zu haben. Hincmar hat die alten und echten Canones gegen diesen falschen Satz zu verteidigen gesucht. Demnach wird den eben angeführten Bemerkungen Hincmars über diesen Streit die Glaubwürdigkeit nicht abzusprechen sein. Auch die Worte Hincmars, dass einige Bischöfe, um sich die Gunst des Königs zu erwerben, Wulfad begünstigten, womit Hincmar andeuten will, dass Karl der Kahle der heimliche Anstifter dieser Streitigkeiten war, werden, wenn man das in damaliger Zeit sehr getrübte Verhältnis Hincmars zu Karl bedenkt, ihre Berechtigung haben.

1) Mansi XV, 743 C.
2) Ss. I, 475.
3) Mansi XV, 795 D.

Richtig ist auch die Bemerkung Hincmars, dass das Synodalschreiben genau denselben Inhalt hatte wie das Unterwerfungsschreiben, welches er im Juli 867 dem Papst übersandte.[1] Wie dieses setzt das Synodalschreiben dem Papste die Geschichte des Ebo-Wulfadschen Streites auseinander; es ist vollständig im Sinne Hincmars, oft sogar wörtlich mit dessen Briefe übereinstimmend, verfasst. Ebenso ist seine Erzählung von der unaufrichtigen und niedrigen Handlungsweise Karls des Kahlen, der sich von Actard das Synodalschreiben einhändigen liess und darauf einen Brief[2] gegen Hincmar schrieb, wahrheitsgetreu. Verdenken kann man es daher dem mit so schnödem Undank belohnten Erzbischof nicht, wenn er von Karl sagt, er sei uneingedenk der Treue und der Mühen gewesen, die er für die Ehre und Erhaltung des Reiches viele Jahre bestanden hatte. Doch durfte er andererseits in seinem Bericht seine eigene Person nicht in so hohem Masse in den Vordergrund stellen, dass der Erzählung fast der Charakter seiner Rechfertigung eingeprägt ist.

Die Gesandten Hincmars, die im Monat August den Papst sehr angegriffen trafen, sahen sich genötigt, behufs Erledigung ihres Auftrages bis October in Rom sich aufzuhalten. Ob wirklich die Briefe Hincmars, wie dieser berichtet, vom Papste freundlich aufgenommen wurden, und der Papst seine Zufriedenheit ihm gegenüber aussprach, ist nicht mehr zu ergründen. Nur in einem Schreiben[3] an seinen Neffen berührt er diese ihn zufriedenstellende Antwort des Papstes.

Nach dem bald darauf erfolgten Tode Nicolaus' fiel die Fortführung des Streites dem milden Papste Hadrian zu, der die Sache unterdrückte. Hincmar[4] meldet uns bis auf einen Punkt glaubwürdig von dem Briefe des Papstes an Karl, in dem er die Entscheidung über den Streit einem höheren Richter anheimstellt und den Wulfad mit dem Pallium beschenkt. Nur stimmt es nicht zu dem in sehr mildem und ruhigem Tone gehaltenen Briefe Hadrians,[5] wenn Hincmar sagt, der Papst habe dem König eingeschärft, dass für immer eine solch unnütze Frage unberührt

---

1) Mansi XV, 791 ff. — Opp. II, 298 ff.
2) Mansi XV, 796 ff.
3) Opp. II, 406.
4) Ss. I, 477.
5) Mansi XV, 824 ff.

bleiben solle. In dem Schreiben an Hincmar überhäuft der Papst diesen mit grenzenlosen Lobsprüchen, ohne auf die Wulfadsche Angelegenheit auch nur im Geringsten einzugehen. Für die Darstellung Hincmars, die bis auf den einen Punkt wahrheitsgetreu ist, ist wieder zu bemerken, dass er dem Briefe an Karl eine grössere Strenge des Papstes unterschiebt, dagegen aber den milden und lobenden Inhalt der an ihn gerichteten Briefe nicht genug betonen kann.

Auch hier lässt sich Hincmar, wenn auch nicht in so hohem Grade wie in seinem Bericht über die Rothadsche Angelegenheit, Entstellungen zu Schulden kommen. So behauptet er, Papst Nicolaus und Benedict hätten die Absetzung der Reimser Geistlichen gebilligt; ferner erklärt er die von dem Papste gegen ihn erhobenen Anschuldigungen als ungerechtfertigt; schliesslich sagt er von dem päpstlichen Schreiben an Karl den Kahlen, es sei im schroffen Tone gehalten. Alles dies sind Entstellungen. Hincmar begeht hier ferner den grossen Fehler, dass er seine Person viel zu sehr in den Vordergrund stellt und Alles zu seinen Gunsten schildert.

c) Streit Karls des Kahlen und Hincmars von Reims gegen Hincmar von Laon.

Hincmar, Bischof von Laon und Neffe des gleichnamigen Erzbischofs von Reims, war durch Vermittlung seines einflussreichen Oheims in kurzer Zeit zu bedeutendem Ansehen gelangt. Der noch jugendliche Bischof wurde durch diesen Erfolg bald übermütig und undankbar gegen seinen Oheim. Dessenungeachtet gewährte ihm dieser bei einem Streite mit Karl dem Kahlen, damit die kirchliche Unabhängigkeit seines Neffen nicht gefährdet werde, seine Hilfe. Dem Sohne eines gewissen Liudo hatte der Bischof ein Lehen seiner Kirche zuerst gegen ein Geschenk gegeben, dann aber wieder genommen. Darüber aber erzürnt, verklagte der erstere den Bischof bei dem Könige, der durch den heftigen Widerstand Hincmars erbittert, ihn vor ein weltliches Gericht forderte. Hiermit beginnt Hincmars Bericht über diesen Streit.[1] Gegen die Entscheidung eines weltlichen Gerichtes erhob, wie die ann. Bertin. erzählen, der Bischof Einspruch, weil er sich nur einem geistlichen Gericht stellen

---

1) Ss. I. 479. 480.

wollte. Nach dieser Weigerung wurde dem Bischof Alles, was er an geistlichen Gütern und Besitztümern zum besondern Gebrauch und Nutzen besass, abgesprochen. Dieses Urteils über den Bischof gedenkt der Erzbischof in einem Briefe an Karl den Kahlen.¹ Hincmar von Reims, für die kirchliche Selbständigkeit seines Neffen fürchtend, nahm sich, wie wir aus seinen Annalen ersehen, sofort der Sache seines Neffen an und erlangte, dass derselbe in den Besitz seiner Güter gesetzt und durch ein geistliches Gericht über ihn entschieden würde. Dies findet sich in demselben Briefe Hincmars an seinen König bestätigt, sowie durch C. 7 der uns erhaltenen Urkunde der Beschlüsse des Reichstages von Pîtres vom Jahre 878,² das sich auf diese Streitfrage bezieht. Darauf berichtet Hincmar vom Reichstage zu Quierzy am 1. December 868, wo er sagt, dass Karl, erbittert gegen Hincmar von Laon, weil dieser ohne des Königs Wissen von Rom Briefe erhalten hatte, auf die gestützt er nicht gekommen war, wegen seines hartnäckigen Widerstandes sehr aufgebracht war. Hier übergeht Hincmar einen wesentlichen Grund der Erbitterung des Königs gegen Hincmar von Laon. Es war zwischen beiden ein Streit über Laoner Kirchengüter ausgebrochen. Der Gegenstand desselben war folgender: Hincmar hatte das Gut Pauliacus,³ das er dem Könige für einen gewissen Nortmann als Lehen gegeben hatte, wieder zurückverlangt.⁴ Ohne eine Entscheidung in dieser Angelegenheit abzuwarten, wandte sich der Bischof nach Rom, was Hincmar in seinen Annalen als Grund der Erbitterung angiebt, und verklagte den König wegen Entziehung von Kirchengütern.⁵ Hierbei gab er zugleich seinem Verlangen nach einer Wallfahrt nach Rom Ausdruck. Auf dies Schreiben Hincmars von Laon, in dem der wahre Sachverhalt ganz entstellt war, sandte der Papst zwei Schreiben an den Erzbischof von Reims⁶ und an Karl,⁷ die in ihren Hauptpunkten wörtlich übereinstim-

---

1) Migne, patrol. curs. compl. Bd. 126, 95.
2) Ll. I, 510.
3) Pauliacus — Poiully nach le Long; histoire du diocèse de Laon. Chalons 1783.
4) Mansi XVI, 579. 597 ff. 650. 684.
5) Mansi XVI, 578: „de distractione rerum ecclesiasticarum."
6) Jaffé 2910. 2911.
7) Mansi XV, 836.

men: er trägt ihnen auf, den Nortmann, wenn er nicht sofort die der Laoner Kirche genommenen Kirchengüter zurückstellen würde, zu excommunicieren; ebenso sollte Hincmar von Laon in den Bann gethan werden, wenn er nicht sein Vorhaben, nach Rom zu kommen, ausführen würde. Als Nortmann den Befehlen des Papstes nicht sofort nachkam, drang Hincmar von Laon gewaltsam in das Haus ein, das er fast vollständig plünderte.[1] Vielleicht hat Hincmar von Reims diesen neuen Streit zwischen seinem Neffen und dem Könige übergangen, weil es ihm widerstrebte, die Übergriffe eines Menschen zu berichten, dem er eben erst seinen Beistand geliehen hatte.

Hincmar allein berichtet uns dann, dass der König in seiner Erbitterung Leute nach Laon schickte, um den Bischof mit Gewalt fortzuführen. Derselbe flüchtete sich an den Altar seiner Kirche und nur mit Mühe gelang es einigen Bischöfen, die Abgesandten des Königs an der Fortführung des Bischofs zu verhindern.

Karl liess nun, wie wir weiter aus den ann. Bertin. ersehen,[2] den Bischof von Laon zu einer Synode von Verberie, deren Akten uns erhalten sind, vorladen. Hincmar erklärte hier, er würde an den römischen Stuhl appellieren. Dies wurde ihm nicht gewährt: vielmehr wurde er nach Senlis in strenge Haft abgeführt, aus der er jedoch bald entlassen wurde und seinen Kampf gegen seinen Oheim fortführte. Von dem Verlaufe der Synode zu Verberie erwähnt Hincmar nicht das Geringste, jedenfalls weil er, der auf der Seite des Königs die Appellation an den päpstlichen Stuhl verweigerte, sich nicht ganz rein fühlte.

Am 25. Juni 870 liess sich der Bischof von Laon, wie Hincmar berichtet,[3] dazu bewegen, dem Könige und dem Erzbischofe Gehorsam zu versprechen. Die Urkunde des Gelöbnisses, die Hincmar seinem Berichte eingefügt hat, stimmt wörtlich überein mit der in der narratio eorum, quae post data LV capitula peracta sunt ab utroque Hincmaro erhaltenen. Hincmar erwähnt in seinen Annalen nur diesen Erfolg. Aus anderen Quellen[4] erfahren wir, dass Hincmar von Laon bald sein Versprechen bereute und, um

1) Mansi XVI, 679.
2) Ss. I, 480.
3) Ss. I, 487.
4) Mansi XVI, 580 B. 596 C. D.

sich den weiteren Verhandlungen zu entziehen, Nachts aus Attigny entfloh.

Nach abermaligen längeren Streitigkeiten, die Hincmar, da sie als zu speciell in den allgemeinen Rahmen seiner Reichsgeschichte nicht passen würden, übergeht, kommt bei Donzy le Prez eine Synode zu Stande, in der die Absetzung des Bischofs erfolgte. Der Bericht Hincmars[1] hierüber stimmt mit den erhaltenen Akten der Synode überein.

Im August 878 wurde auf der Synode von Troyes[2] Hincmar von Laon begnadigt. Dies behaupten übereinstimmend mit unseren Annalen die ann. Vedast.[3] Bei der Erzählung Hincmars fällt es uns auf, dass er von dem „blinden" Hincmar spricht. Uber den Grund und die Zeit dieser Blendung schweigen die ann. Bertin. Wir erfahren hiervon wie von der sonstigen harten Behandlung Hincmars von Laon aus der proclamatio Hincmari Laudunensis contra Hincmarum Remorum archiepiscopum.[4] Hieraus ersehen wir, dass er nach seiner Verurteilung in Gewahrsam gehalten und nach Verlauf von zwei Jahren geblendet wurde. Über alle diese Misshandlungen seines Neffen geht der Erzbischof mit dem einzigen Worte „caecus" fort. Auf diese Grausamkeit der Blendung wird Hincmar deswegen nicht näher eingegangen sein, weil diese Strafe damals nur allzu häufig angewandt und daher weniger empfunden wurde, als heutigen Tages. Zum Lobe ist es Hincmar hier anzurechnen, dass er die Einzelheiten der Begnadigung Hincmars von Laon freimütig berichtet, trotzdem „mit diesem kläglichen Schauspiele nichts anderes bezweckt wurde, als dem älteren Hincmar eine empfindliche Kränkung zu bereiten und ihn vor dem Papste, dem er so oft durch seinen Widerspruch lästig gefallen, dem er auch in Troyes sich keineswegs willführig bewiesen, zu demütigen."[5]

Hincmar ist also in den Angaben, die er über diese Streitigkeiten macht, glaubwürdig. Dagegen verschweigt er manches, was er bei dem teilweise sehr ausführlichen Berichte hätte anfüh-

---

1) Ss. I, 492.
2) Ss. I, 508.
3) Ss. II, 197.
4) Mansi XVII, 352.
5) Dümmler, ostfr. Reich II, 89.

ren müssen. So übergeht er den Hauptgrund des Unwillens des Königs gegen Hincmar von Laon auf dem Reichstage zu Quierzy; ferner übergeht er bei seiner Erwähnung der Synode von Verberie das Gesuch Hincmars, an den römischen Stuhl appellieren zu dürfen, sowie dessen Haft, sicherlich weil durch diese willkürliche Verweigerung seine Person in nicht allzu gutem Lichte erscheint. Sodann spricht er bei seinem Berichte über die Synode von Attigny nur von der Unterwerfung Hincmars, nicht aber von dessen sogleich darauf erfolgter Flucht. Alle diese Verheimlichungen sind sicherlich aus dem Streben hervorgegangen, seine Person von dem Vorwurf der Ungerechtigkeit und der Willkür sowie der Ohnmacht seinem Neffen gegenüber frei zu halten; die Ereignisse, an denen er sich mit Erfolg und mit gutem Recht beteiligt hat, erwähnt er möglichst eingehend.

Ferner finden wir in Hincmars Bericht einen deutlichen Beweis, wie wenig objectiv und unparteiisch Hincmar Angelegenheiten, in die er selbst verwickelt ist, erzählt. In dem Berichte des Jahres 868 thut er verschiedene Äusserungen, die darauf schliessen lassen, dass er mit dem Verfahren des Königs nicht im Geringsten einverstanden war; so „nullo episcopo suae provinciae conscio", ein leiser Vorwurf gegen den König, dass er zu weit gegangen sei; auch die Worte: „Carolus iubens inde quosdam iudicare etiam personas infames" sind wohl auch nur ein Ausfluss seines Unwillens gegen den König.

Als Hincmar merkte, dass er von seinem Neffen getäuscht sei, schlägt seine Stimmung um und wiederholte Tadel gegen den letzteren, die von Jahr zu Jahr schlimmer werden, finden sich.

d) Streitigkeiten der römischen mit der griechischen Kirche.

Ignatius, der ehrwürdige Patriarch von Constantinopel,[1] war von Bardas abgesetzt und an seine Stelle Photius, der Hauptmann der kaiserlichen Leibwache, gesetzt worden. Der Papst erteilte nun den Auftrag, die daraus entstandenen Zwistigkeiten beizulegen, sowie die kirchlichen Zustände zu ordnen. Nach Verhandlungen in Rom und Constantinopel beharrte der Papst bei seiner Forderung, Ignatius solle wieder eingesetzt werden; der griechische Kaiser weigerte sich, diesem Befehle nachzukommen.

---

1) Dümmler, ostfr. Reich I, 497—502. 633—650.

Als die griechische und römische Kirche in Bulgarien mit ihren Missionsversuchen zusammenkamen und die letztere Kirche grössere Erfolge erzielte, wurde dieser Kampf noch heftiger und allgemeiner. In dem Rundschreiben,[1] in dem 867 Photius die morgenländischen Patriarchen zu einer grossen Synode zu Constantinopel einlud, finden sich dieselben Vorwürfe gegen die römische Kirche, wie Hincmar sie uns in seinen Annalen[2] wiedergiebt. Dieselben Vorwürfe wiederholte der Patriarch auch in einem Briefe an die Bulgaren, auf den in dem Schreiben des Papstes Nicolaus' I. an Hincmar und die übrigen Bischöfe Galliens näher eingegangen wird. Über diese Streitpunkte sollten die Erzbischöfe in Gemeinschaft mit ihren Suffraganen entscheiden. Das Resultat dieser Verhandlungen sollte dann nach Rom berichtet werden. Die Worte des Papstes, die Hincmar in seinen Annalen anführt, stimmen wörtlich mit den Schlussworten des genannten Briefes überein. Dass Hincmar bemüht war, möglichst pünktlich den päpstlichen Wünschen nachzukommen, ersehen wir aus mehreren bei Flodoard erhaltenen Briefen.[3]

Weiterhin berichtet Hincmar glaubwürdig von der 8. allgemeinen Synode zu Constantinopel,[4] in der gegen Photius der Bannfluch ausgesprochen und Ignatius hergestellt wurde. Ferner wurden über die Bilderverehrung Bestimmungen getroffen; dieselbe wurde besonders im Sinne der Griechen in einer Ausdehnung gebilligt, die den Gebräuchen der fränkischen Kirche zuwider war. Die Missbilligung Hincmars tritt in seinen Worten: „anders als wie die orthodoxen Lehrer früher entschieden hatten" zu Tage. — Schliesslich wurden auch die Rechte der Patriarchen und Metropoliten berücksichtigt. So wurde auch die letzte Entscheidung über die Vergehen von Bischöfen nicht dem Metropoliten oder den Bischöfen der Provinz zugestanden; ein Satz, der aus den pseudoisidorischen Decretalen entnommen ist und schon bei dem Process gegen Rothad und Hincmar von Laon Anlass zu Streitigkeiten gab. Daher ist es vollständig richtig, wenn

---

1) Photii epistulae, ed. Montacutius p. 47—61 und Mansi XV, 357.
2) Ss. I, 475. 476.
3) Flod. hist. eccl. Rem. III, c. 21, Ss. XIII, 516. 517. c. 23, Ss. XIII, 529. Ss. I. 494.
4) Cf Hefele, Conciliengeschichte Bd. IV, 369—419.

Hincmar sagt, dass Verschiedenes im Widerspruch gegen die alten Canones und ihre eigene Synode festgesetzt wurde.

Sachlich ist also Hincmars Bericht glaubwürdig. Doch begeht er einen chronologischen Fehler: die Synode fand nicht im Jahre 872 statt, sondern sie dauerte vom 5. October 869 bis 28. Februar 870.

Im Allgemeinen ist die Erzählung der Annalen äusserst knapp und dürftig gegenüber den schweren Folgen dieses so wichtigen Streites. Während Hincmar viele kleine kirchliche Zwiste, die für die allgemeine Geschichte keine oder nur geringe Bedeutung haben und nur für ihn von besonderem Interesse sind, eingehend darstellt, ist es nicht zu begreifen, weswegen er bei einer so hochwichtigen Angelegenheit nur die Hauptmomente erwähnt. Es ist dies auch ein Beweis, dass er manchmal die Aufgabe, die Geschichte seiner Zeit zu schreiben, vergisst und nur seine eigene aufzeichnet. Wäre er persönlich an diesem Streite beteiligt gewesen, so hätten wir uns sicherlich eines eingehenden Berichtes zu erfreuen. Dass Hincmar von einem so weitgehenden Streite nicht genügend unterrichtet war, ist bei seiner Stellung undenkbar.

e) Streit über den Primat des Ansegis.

Ein harter Schlag war es für den um die Leitung der weltlichen und kirchlichen Angelegenheiten Westfrankens[1] so hochverdienten Hincmar, als zwischen Johann und Karl, dem Kahlen, eine Vereinbarung zu Stande kam, gemäss deren für Frankreich und Deutschland in der Gestalt des Ansegis ein Vicar ernannt werden sollte. Hincmar wurde jedenfalls deswegen nicht zu diesem Ehrenamte auserkoren, weil er bei seiner Selbständigkeit nicht im geringsten zu einem willfährigen Vertreter des päpstlichen Stuhles sich eignete. Dagegen fanden sich in dem gewandten und unbedeutenden Ansegis von Sens alle Eigenschaften vereinigt, die für diese, vom Papste so abhängige Stellung erforderlich waren. Diese Angelegenheit bildete den Hauptgegenstand der Verhandlungen auf der Synode von Pontyon im Jahre 876. Die Befugnisse

---

1) Dümmler, ostfr. Reich I, 837.| 838. |844 ff. Schrörs, pag. 358 ff. Hefele, Concilgesch. IV, 497 ff.

des neuen Vicars, wie sie Hincmar[1] uns auseinandersetzt, stimmen mit der Publicationsbulle wörtlich überein.[2] Über die Verhandlungen, die, nachdem die Briefe verlesen waren, stattfanden, ist Hincmar alleinige Quelle. Dass die Bischöfe von dem an sie gerichteten päpstlichen Schreiben nähere Kenntnis zu nehmen wünschten, ist ein gewiss sehr berechtigtes Verlangen. Gewiss entspricht es auch der Wahrheit, dass die Bischöfe der Form nach eine ausweichende Antwort gaben, sachlich aber den Primat des Ansegis entschieden abschlugen, sowie wir der weiter unten folgenden Notiz Hincmars, dass er energisch protestierte, sicherlich Glauben schenken dürfen. Beides stimmt sehr gut zu der Schrift Hincmars,[3] die er noch während der Synode an die Bischöfe richtete, in der er sich gegen jede Beschränkung der Metropolitangewalt wendet.

In der Versammlung am 14. Juli wurde, wie Hincmar allein berichtet, nochmals die Frage über den Primat des Ansegis berührt. Doch auch hier konnte man die Anerkennung des Primats nicht erlangen. In der letzten Synodalsitzung las Johannes von Arezzo, wie Hincmar sagt, ein der Vernunft und Autorität widersprechendes Schriftstück vor. Dies ist nicht mehr erhalten, und wir können daher nicht mehr erweisen, wie weit diese Bemerkung Hincmars zutrifft. An die „Leonis et Petri auctoritas",[4] was Schrörs nicht für unmöglich hält, kann nach der Notiz Hincmars über dies Schriftstück wohl nicht gedacht werden.

Darauf verlas Odo von Beauvais mehrere Kapitel, von denen Hincmar[5] sagt, dass sie von den Gesandten des Papstes ohne Wissen der Synode aufgesetzt worden seien. Ferner seien sie unter sich widersprechend und ohne Nutzen gewesen, ohne Vernunft und Autorität. Diese neun Kapitel sind erhalten. Sie beschäftigen sich zunächst mit dem Streit zwischen Karl dem Kahlen und Ludwig dem Deutschen, dann mit der Petri et Leonis auctoritas. Darauf (c. 7) wird von der Ernennung des Ansegis[6]

---

1) Ss. I, 499.
2) Mansi XVII, 225.
3) De iure metropolitanorum, opp. II, 719—740.
4) l.l. I, 535.
5) Ss. I, 500.
6) l.l. 535.

zum Vicar gesagt, dass dieselbe einmütig anerkannt wäre. Dies stimmt nicht zu der schon zweimal auf der Synode abgegebenen Erklärung der Bischöfe. Daher ist es klar, dass, wie Hincmar sagt, diese Kapitel ohne Wissen der Synode aufgesetzt waren, und ebenso wird die allerdings etwas scharfe Bemerkung, die Hincmar über dies Kapitel macht, durch den Inhalt desselben nicht widerlegt. Auch bei einer dritten Anfrage an die Bischöfe wegen des Primats des Ansegis konnte der Kaiser von den Bischöfen keine erwünschte Antwort erlangen. Nach diesen Versuchen liessen Papst wie Kaiser den Primat des Ansegis vollständig fallen.

Hincmar berichtet also in seinen Angaben über diese Angelegenheit, soweit wir dieselben prüfen können, die Wahrheit. Zum Vorwurf ist es ihm auch hier zu machen, dass er bei dem Protest gegen den Primat seine Person zu sehr hervortreten lässt, sowie dass sein Bericht über die letzte Synodalsitzung, wo Odo die neun Kapitel vorlas, zu subjectiv gefärbt ist.

### B. Hincmars Glaubwürdigkeit in seinem Berichte über westfränkische Reichsgeschichte.

#### I) Streitigkeiten und Unterhandlungen Karls des Kahlen mit den stammverwandten Fürsten und mit inneren Feinden.

Ebensogut wie über die kirchenpolitischen Streitigkeiten musste Hincmar unterrichtet sein über die Streitigkeiten und Verhandlungen Karls des Kahlen mit den verwandten Fürsten und mit inneren Feinden, durch die das westfränkische Reich damals aufs ärgste heimgesucht wurde. Für die Untersuchung über Hincmars Glaubwürdigkeit in diesen Zwistigkeiten steht uns ausser den Berichten der gleichzeitigen Annalen ein teilweise sehr reiches Material an Briefen und Urkunden zu Gebote.

a) Ehescheidungsfrage zwischen Lothar, dem Jüngeren, und seiner Gemahlin Thietberga.

Eine Angelegenheit, die in damaliger Zeit in den weitesten Kreisen Aufsehen erregte und zu ernstlichen Zwisten sowie vielfachen Unterhandlungen zwischen den drei verwandten Fürsten Anlass gab, war die Ehescheidungsfrage zwischen Lothar und Thietberga. In dem sehr ausführlichen Berichte über diesen Streit verdient Hincmar mit drei Ausnahmen volle Glaubwürdigkeit.

Es mag daher genügen, mit einigen Worten auf die Abweichungen der Erzählung Hincmars von den Angaben der übrigen Quellen einzugehen: einer Flüchtigkeit ist es wohl zuzuschreiben, dass er in seinem Bericht[1] zum Jahre 865 von den an Ludwig und Lothar gerichteten Briefen sagt, sie wären gleichlautend gewesen, was bei der damaligen Lage der Dinge und dem Inhalte des Briefes an Lothar unmöglich der Fall sein kann.

Zum Jahre 864 verschweigt er, wohl absichtlich, den päpstlichen Befehl, aus jeder Kirchenprovinz zwei Bischöfe zu einer Synode nach Rom zu senden. Schliesslich macht er sich noch einer Entstellung schuldig bei seinem Berichte über die Briefe, die 865 der Papst an Karl sandte mit der Aufforderung, nicht in das Reich Lothars einzufallen. Nach Hincmar sind diese Briefe in einem unhöflichen Tone gehalten, wovon sich in den erhaltenen Schreiben[2] nichts findet.

b) Streitigkeiten und Unterhandlungen über das durch den Tod eines karolingischen Fürsten erledigte Gebiet.

Neben den Verhandlungen und Streitigkeiten der drei fränkischen Könige in Folge der Ehescheidungsfrage Lothars kam es noch zu manchen Zwistigkeiten. Diese hatten in den meisten Fällen ihren Grund in dem Tode eines Fürsten, dessen Reich dann die Andern in Besitz zu nehmen suchten.

Streitigkeiten und Verhandlungen in Folge des Todes König Lothars.

Nachdem Lothar am 8 August 869 in Piacenza auf der Heimreise von Rom sein Leben ausgehaucht hatte, war nichts natürlicher, als dass Karl seinen langgehegten Wunsch, sich in den Besitz Lothringens zu setzen, zur Ausführung zu bringen suchte. „Ebensosehr als Karls ungemessener Ehrgeiz sich nach Erweiterung seiner Grenzen sehnte, wünschte Hincmar den ganzen Metropolitansprengel seiner Kirche, unter dessen Zerstückelung er so oft hatte leiden müssen, in einem Reiche vereint zu sehen."[3]

Karl brach nach der Nachricht von Lothars Tode sofort nach Attigny auf; von hier begab er sich über Verdun nach Metz,

1) Ss. I, 467.
2) Mansi XV, 287. 289.
3) Dümmler, ostfr. Reich I, 720.

wo am 7. September die Krönung erfolgte. Diese erwähnen kurz die ann. Fuld.[1] und das chron. reg.,[2] die, da sie nicht so gut wie Hincmar unterrichtet sein können, von den in unsern Annalen erwähnten Vorgängen nichts berichten. Die Glaubwürdigkeit Hincmar's, dessen Hauptwerk die Krönung war und der an allen diesen Ereignissen persönlich Teil nahm, wird noch erhöht durch die Einfügung der Krönungsurkunde[3] in seinen Annalen. Karl begab sich nun nach dem Ardennenwald, um dort der Herbstjagd obzuliegen. Hier trafen ihn Gesandte seines Bruders Ludwig, die ihn an die früher geschlossenen Bündnisse erinnern sollten. Diese Gesandtschaft erwähnt ausser Hincmar[4] noch eingehender Regino.[5] Die weitere Reise führt den König nach Achen und von dort nach Gondreville, wo eine grössere Versammlung stattfand. Über diese spricht Hincmar[6] selbst eingehender in einem Briefe an den Papst, wo sich auch die Namen der in den Annalen genannten päpstlichen Gesandten bestätigt finden. Von den Briefen, die die Gesandten überbrachten, sind die beiden Briefe[7] an die Bischöfe und Grossen erhalten. Ihr Inhalt sowie teilweise ihr Wortlaut stimmen mit den Angaben in Hincmars Annalen überein. Da Hincmar sehr eingehend die Briefe an Karl, seine Bischöfe und seine Grossen erwähnt, so fällt es umsomehr auf, dass er von den Briefen des Papstes[8] an sich selbst kein Wort sagt. Dem Erzbischof war vom Papst die Aufgabe zugedacht worden, das Recht des Kaisers Ludwig gegen die Übergriffe seines Fürsten zu schützen. Aber in welcher Weise löste er diese! Bei den Verhandlungen, die im Mai 870 zu Attigny stattfanden, setzte Hincmar[9] im Anschluss an den erwähnten Papstbrief auseinander, dass, wenn nicht eine Teilung des Reiches zwischen Karl und Ludwig stattfände, notwendig Zwistigkeiten entstehen müssten. Man müsste also entweder die Wünsche des Papstes ignorieren oder innere Unruhen hervorrufen. Im letzteren Falle, wenn Ludwig von Italien Herr des Reiches des verstorbenen Lothar würde, träte auch noch eine

1) Ss. I, 381.
2) Ss. I, 581.
3) Ll. I, 512—514.
4) Ss. I, 485.
5) Ss. I, 581.
6) Opp. II, 689.
7) Mansi XV, 839. 841.
8) Mansi XV, 842. 846.
9) Opp. II, 690 ff.

Verletzung der von dem Könige geleisteten Eide ein. Er selbst mag nicht entscheiden, welche von den beiden Möglichkeiten vorzuziehen sei; einem Concil von Bischöfen überträgt er die Entscheidung darüber.

Hincmar wusste sehr wohl, dass er damit dem Auftrage des päpstlichen Schreibens entgegengehandelt habe, und welch' schiefe Stellung er, der vom Papste beauftragt war, die Rechte Ludwigs von Italien gegen Karl zu vertreten, in der That aber mit vollem Herzen für die Eroberungspolitik seines Fürsten begeistert war, in diesem Streit einnähme. Er hielt es daher für besser, über diese Punkte in seinen Annalen[1] mit der Bemerkung, dass die Teilung vielfach und verschiedentlich erörtert worden sei, flüchtig hinwegzueilen. Natürlich erwähnt er auch nicht den Unwillen des Papstes gegen ihn, „den Urheber des tyrannischen Verbrechens", dem dieser in einem vom 17. Juni 870 datierten Briefe Ausdruck giebt.

Anfang 870[2] kommen zu Karl, der in Achen seine Vermählung mit Richildis feierte, Gesandte Ludwigs, die ihm, wenn er nicht sofort das Reich Lothars verliesse, mit Krieg drohten. Von dieser Gesandtschaft berichtet auch Regino.[3] Auf diese Drohung sah sich Karl genötigt, mit Ludwig zu unterhandeln. Die von Hincmar seinem Berichte eingefügte Urkunde[4] des Achener Vertrages vom 6. Mai stimmt mit der erhaltenen überein. Von den darauf folgenden Verhandlungen Karls mit den Gesandten seines Bruders zu Attigny spricht noch näher der schon erwähnte Brief Hincmars[5] an den Papst. Für die Glaubwürdigkeit Hincmars spricht noch die Aufnahme der Teilungsurkunde[6] in seine Annalen.

Hincmar, der über alle diese Streitigkeiten sehr gut unterrichtet sein musste, verdient in seinen Angaben vollen Glauben. Zum Vorwurf ist es ihm jedoch entschieden zu machen, dass er bei seinem so eingehenden Bericht über die päpstlichen Briefe an Karl und seine Grossen die etwas später an ihn gerichteten verschweigt, während er sich doch sonst, wo er rühmlichst hervortritt, nie genug in den Vordergrund stellen kann.

### Folgen des Todes Karls des Kahlen.

Einen neuen Anlass zu inneren Streitigkeiten bot der am 6. Oktober erfolgte Tod Karls des Kahlen. Kaum hatte Ludwig der Stammler zu Orreville den Tod seines Vaters erfahren, als er durch willkürliches Verschenken von Gütern und Abteien sich möglichst viel Anhänger zu verschaffen suchte. Hierfür wie für den Unwillen der Grossen wegen der Entzlehung von Lehen ist Hincmar unsere Hauptquelle. Die ann. Ved.[1] und das chron. Reg.[2] erwähnen nur ganz kurz den Regierungsantritt Ludwigs. Hincmar ist hier jedenfalls vollständig glaubwürdig, zumal da er auch die Akten über die Krönung am 8. Dezember und die Huldigung des Ansegis und der Bischöfe, sowie die von Ludwig den Bischöfen ausgestellte Urkunde in seine Annalen hinübergenommen hat. Bei der Aufzeichnung derselben begeht er jedoch ein Versehen: Die Huldigungsworte des Ansegis und der Bischöfe, sowie die Urkunde Ludwigs, die das Datum des 30. November tragen, finden sich in den Annalen hinter den Akten der am 8. December vollzogenen Krönung.

### Folgen des Todes Ludwigs des Deutschen.

Kaum war Ludwig der Deutsche zu Frankfurt am 28. August 876 gestorben, als Karl auch hier, wie nach dem Tode Lothars, seinem Besitz das gesamte Erbteil des lotharingischen Hauses und die auf dem linken Rheinufer liegenden ostfränkischen Besitzungen hinzuzufügen suchte. Sofort schickte er, wie Hincmar[3] berichtet, Gesandte an die Grossen des Reiches Ludwigs, um diese auf seine Seite zu ziehen. Davon sprechen auch die ann. Fuld.[4] Darauf zog er, nachdem er seinen Plan, nach Metz zu gehen, aufgegeben hatte, nach Achen und Köln, wie wir ausser aus unseren Annalen noch aus den ann. Fuld.,[5] Vedast.[6] und dem chron. reg.[7] ersehen. Ebenso ist Hincmar glaubwürdig in dem Bericht von der Gesandtschaft Ludwig's an Karl, die aber von diesem einen abschlägigen Bescheid erhielt. Genauer von dieser Gesandtschaft und übereinstimmend mit Hincmar sprechen die ann. Fuld., Vedast. und Regino.[8] Weiter gedenken unsere Annalen

---

1) Ss. I, 504.  2) Ss. I, 589.
3) Ss. I, 501.  4) Ss. I, 390.
5) Ss. I, 390.  6) Ss. II, 196.
7) Ss. I, 588.  8) a. a. O.

der Gesandtschaft Karls an Ludwig, die mit diesem Friedensunterhandlungen anknüpfen sollte. Dem entgegen berichten die ann. Fuld. von einer Gesandtschaft Ludwigs an Karl, die denselben Zweck hatte. Beide Nachrichten lassen sich, wie Dümmler bemerkt,[1] wohl dahin vereinigen, dass sie gleichzeitig stattfanden. Über den Verlauf und das Ergebnis der für Karl so unglücklichen Schlacht bei Andernach sind alle Quellen im Einklange.[2]

Hincmar berichtet also hier, soweit wir seine Angaben prüfen können, durchaus wahrheitsgetreu. Als Gegner dieser habsüchtigen Eroberungspolitik Karls des Kahlen scheut er sich nicht, in den Tadel, den die Annalen durchgehends über dieses Unternehmen des westfränkischen Königs aussprechen, einzustimmen: et impletum est dictum propheticum, ubi ait: qui praedaris, nonne et ipse praedaberis?

### Folgen des Todes Ludwigs des Stammlers.

Am 10. April 879 verschied Ludwig der Stammler zu Compiègne. Schon vorher, als er sein Ende herannahen fühlte, hatte er durch den Bischof Odo und den Grafen Albuin die Kroninsignien seinem ältesten Sohne Ludwig überbringen lassen. Odo und Albuin übergaben die Insignien dem Kämmerer Theoderich, der damals im Verein mit Graf Bernhard von Auvergne, dem Erzieher des Prinzen Ludwig, sowie dem Abt Hugo und Herzog Boso mit dem Grafen Bernhard von Autun im Kampfe lag. Diese Männer, in deren Begleitung der junge Ludwig sich befand, kündigten nun zu Meaux eine Reichsversammlung an, um dort über die Thronfolge zu beraten. Von dieser Versammlung erfahren wir allein durch Hincmar.[3] Doch bevor diese Versammlung zu Stande kam, traten die Anzeichen eines gefährlichen Zwistes hinsichtlich der Thronfolge zu Tage. Gauzlin, Abt von St. Germain und St. Dénis, und Graf Konrad von Paris beabsichtigten, die Thronfolge des jungen Ludwig zu hintertreiben und Ludwig, dem Könige von Deutschland, zur westfränkischen Krone zu verhelfen.

Welcher Art die Beleidigungen waren, die nach Hincmars Bericht Gauzlin in der früheren Zeit von seinen Neidern erfuhr,

---

1) Dümmler, ostfr. Reich II, 36 n. 10.
2) Cf. Dümmler, ostfr. Reich II, 37 n. 14.
3) Ss I, 511.

können wir nicht mehr ermitteln. Wenn wir Reginos Bericht[1] sowie einen bei Flodoard[2] angeführten Brief Hincmars berücksichtigen, wonach Gauzlin sich gegen die Thronfolge Ludwigs sträubte, weil er ihn als unehelichen Sohn Ludwigs und der später von diesem verstossenen Ansgard betrachtete, so ist vielleicht anzunehmen, dass Hincmar, der eifrig für die Thronfolge der beiden jungen Prinzen Ludwig und Karlmann eintrat,[3] diesen Grund absichtlich nicht anführt und sich mit der erwähnten allgemeinen Bemerkung begnügt. Dass Gauzlin und Graf Konrad die Anstifter dieser Verschwörung waren, bezeugen die ann. Vedast.[4] Von dem Eindringen Ludwigs in das westfränkische Reich sprechen noch die ann. Fuld.[5] sowie Regino.[6]

Weiter berichtet Hincmar, dass die Anhänger Ludwigs und Karlmanns, Walter von Orléans sowie die Grafen Goiram und Ansgar an Ludwig nach Verdun sandten, um ihm den Teil vom Reich des jüngeren Lothar, den Karl der Kahle im Vertrage von Mersen erhalten hatte, unter der Bedingung anzubieten, dass er damit zufrieden in sein Reich zurückkehrte. Darauf ging Ludwig ein. Dies erwähnen übereinstimmend mit Hincmar die ann. Vedast.[7] Der Bericht über die Krönung der beiden Prinzen in Ferrières durch Ansegis von Sens findet sich in den ann. Bert. und Vedast.[8]

Nachdem Ludwig glücklich von Baiern Besitz ergriffen hatte, rüstete er sich zu einem abermaligen Einfall in Westfrankreich. In Begleitung seiner Gemahlin zog er nach Douzy, wohin ihm Gauzlin und Konrad entgegenkamen; von da weiter nach Attigny und Ecri an der Aisne bis Ribemont an der Oise. Von diesem zweiten Zug Ludwigs berichten ausser Hincmar kürzer die ann. Fuld.,[9] eingehender die ann. Vedast.[10] In diesen findet sich auch allein der Bericht von dem Heereszuge der

---

1) Ss. I, 591.
2) Flod. hist. Rem. eccl. III, c. 19, Ss. XIII, 510.
3) Dass sich Hincmar der Sache der beiden Fürsten aufs wärmste annahm, ersehen wir aus einigen bei Flodoard erhaltenen Briefen: Flod. III, c. 26, Ss. XIII, 545. Flod. III, c. 20, Ss. XIII, 513. Flod. III, c. 23, Ss. XIII, 532.
4) Ss. I, 197.  5) Ss. I, 392. 590.
6) Ss. I, 511.  7) Ss. II, 197.
8) Ss. II, 197.  9) Ss. I, 512.
10) Ss. I, 393. II, 198.

Anhänger der jungen Fürsten gegen Ludwig. Vielleicht übergeht Hincmar diesen, weil es zu einem wirklichen Kampfe nicht kam. Ein böswilliges Verschweigen ist bei seiner Befürwortung der Thronfolge der beiden Prinzen nicht anzunehmen. Ludwig III. sah aber bald ein, dass zur Verwirklichung seiner Pläne noch sehr viel fehlte; er zog es daher vor, mit seinen Gegnern Frieden zu schliessen. Dies erfahren wir ausser aus unseren Annalen noch aus den ann. Vedast., Fuld. sowie Regino.[1] Wir sehen also, dass Hincmars Darstellung mit den Berichten der übrigen Annalen bis auf eine Ausnahme übereinstimmt. Jedenfalls absichtlich giebt er einen falschen Grund für die Verschwörung Gauzlins an, während wir aus andern Quellen erfahren, dass er wegen der Verstossung der Gemahlin Ludwigs, Ansgard, deren Söhne für illegitim hielt.

c) **Empörungen der Söhne Karls des Kahlen gegen ihren Vater.**

Ein weiteres Zeichen des Verfalls der inneren Festigkeit des Karolingerreiches sind die zahlreichen Empörungen der Königssöhne gegen ihre Väter. Alle drei Söhne Karls des Kahlen, Karlmann, Ludwig der Stammler, Karl, machten mehr oder weniger heftige und anhaltende Versuche, der Autorität ihres Vaters zu trotzen. Über diese Empörungen der Söhne Karls musste Hincmar ebenfalls genau unterrichtet sein.

### Empörung Karlmanns.

Karlmann, der zweite Sohn König Karls des Kahlen, war gegen seinen Willen zum Priesterstande bestimmt und zum Diaconus geweiht worden; er erhielt im Jahre 860 als solcher das St. Medardkloster in Soissons, wozu im Laufe der Zeit noch mehrere Abteien hinzukamen. Nachdem er sich bis 870 als treuer Anhänger seines Vaters bewährt hatte, wurde er plötzlich des Verrates beschuldigt und auf der Synode zu Attigny 870 der Freiheit beraubt. Das Nähere hierüber erfahren wir allein von Hincmar,[2] wie überhaupt dessen Annalen hierfür die bedeutendste Quelle sind. Von den Verwüstungen Karlmanns, die dieser nach seiner Flucht aus der Umgebung seines Vaters in Belgien anrichtete, spricht noch ein Brief Hincmars[3] an Remigius von Lyon,

---

1) Ss. II, 198. I, 393.   2) Ss. I, 487.
3) Opp. II, 353.

in dem er sich vorzüglich über die arge Verwüstung des Reimser Sprengels beklagt, ferner das chron. reg.¹ Weiter berichtet Hincmar² zum Jahre 871 über die Unterhandlungen, die zwischen Karl und seinem Sohne behufs eines Friedensschlusses stattfanden, von denen der Erzbischof³ auch in dem libellus expostulationis adversus Hincmarum Laudun. c. 20 spricht. Als alle diese Verhandlungen erfolglos waren, liess Karl durch die Bischöfe die Anhänger seines Sohnes excommunicieren; die Entscheidung über seinen Sohn, den Diaconus von Soissons, überliess er den Bischöfen der dortigen Provinz. Die Excommunication der Anhänger Karlmanns bestätigen c. 20 und 21 ⁴ des libellus expostulationis Hincmari Rem. adv. Hincm. Laud., in denen er letzteren ermahnt, seine Zustimmung zu der Verurteilung der Anhänger Karlmanns nicht zu verweigern. Von dem weiteren Verlauf der Streitigkeiten Karls mit seinem Sohne finden wir nur noch die Angabe Hincmars, dass Karlmann auf der Synode von Senlis 873 jede geistliche Würde entzogen und nur die Laiencommunication gestattet wurde, durch eine kurze Inhaltsangabe⁵ der Verhandlungen dieser Synode bestätigt. Von der grausamen Blendung des aufständischen Königssohnes berichten ausser den ann. Bert.⁶ noch die ann. Fuld. sowie das chron. Reg.

Ganz verkehrt ist, was Hincmar⁷ zu der Entführung Karlmanns aus dem Kloster Corbie und seiner Überführung in das Kloster St. Alban bei Mainz sagt: Ludwig, der Deutsche, habe dadurch zeigen wollen, wie sehr ihm die Vergehen Karlmanns gegen die Kirche, den Staat und seinen Vater missfielen. Was ist aber natürlicher, als dass Ludwig aus Mitleid das traurige Loos Karlmanns durch diese Entführung zu mildern suchte? Ganz richtig bemerkt auch Regino,⁸ dass dies aus Mitleid für den unglücklichen Königssohn geschehen sei. Hincmar aber, der dieser Grausamkeit seines Königs nicht im Geringsten entgegengetreten war, suchte im Schuldbewusstsein dieses unmenschlichen Verfahrens die Entführung Karlmanns auf diese Weise zu seinen

---

1) Ss. I, 583.    2) Ss. I, 491.
3) Mansi XVI, 605.    4) a. a. O.
5) Mansi XVII, 282.    6) Ss. I, 583.
7) Ss. I, 496.    8) Ss. I, 583.

und seines Fürsten Gunsten auszulegen, und so diese Härte noch zu beschönigen. Mit Ausnahme dieser letzten absurden Bemerkung Hincmars, durch die er Ludwig dem Deutschen einen ganz falschen Beweggrund für die Aufnahme Karlmanns unterschiebt, ist hier gegen die Zuverlässigkeit von Hincmars Bericht nichts einzuwenden.

### Empörung Ludwigs des Stammlers gegen seinen Vater.

Ludwig hatte sich durch die mit dem Könige der Briten verbündeten Guntfrid und Gozfrid verleiten lassen, im Jahre 862 seinen Vater zu verlassen und zu ersteren überzutreten, um mit deren Unterstützung gegen die Getreuen seines Vaters zu ziehen. Für diesen Abfall sowie für die Einzelheiten der daraus erwachsenden Kämpfe ist Hincmar[1] unsere alleinige Quelle. Wegen der Misserfolge bei seinen Kämpfen gegen Robert hielt es Ludwig bald für geratener, sich mit seinem Vater auszusöhnen. Dies findet sich ausser durch die von Hinkmar erwähnten Schenkungen Karls an seinen Sohn noch bestätigt durch ein päpstliches Schreiben[2] vom Ende des Jahres 863, in dem der heilige Vater seiner Freude über die Beilegung der Streitigkeiten Ausdruck gibt. Die übrigen Angaben Hincmars über die verschiedenen Schenkungen an Karl sowie dessen Ernennung zum König von Aquitanien können wir hinsichtlich ihrer Glaubwürdigkeit nicht mehr prüfen.

d) Empörungen einiger Grossen des westfränkischen Reiches.

Boso, Schwager Karls des Kahlen.

Boso, der Bruder der zweiten Gemahlin Karls des Kahlen, Richildis, gelangte durch diese Verschwägerung allmählich zu immer grösserem Ansehen. Nach Karls Kaiserkrönung wurde er 876 zum Herzog von Italien bestellt und mit der herzoglichen Krone geehrt. Nachdem der Kaiser aus Italien nach Frankreich zurückgekehrt war, nahm Boso mit Hilfe Berengars die Tochter des Kaisers Ludwig, Irmengard, die sich bei ihm aufhielt, „iniquo conludio", wie Hincmar[3] sagt, zur Gemahlin. Dies berichtet abweichend von Hincmar auch Regino,[4] wonach Karl die Irmen-

---

1) Ss. I, 457.  2) Jaffé 2728.
3) Ss. I, 499.  4) Ss. I, 589.

gard dem Boso zur Frau gab. Jedenfalls ist wohl Hincmars Bericht hier glaubwürdiger. Denn wenn Karl die Irmengard dem Boso zur Gemahlin gegeben hätte, so wäre dies wohl bei Karls Anwesenheit in Italien zugleich mit Bosos Ernennung zum Herzog dieses Landes geschehen. Da diese Vermählung aber erst stattfand, nachdem Karl der Kahle sich schon aus Italien entfernt hatte, so wird Boso die Tochter des Kaisers Ludwig auf gewaltsame Weise zur Frau genommen haben. Hincmar begeht dagegen hier ein chronologisches Versehen. Aus dem Testamente der Kaiserin[1] vom März 877 folgt, dass Irmengard erst 877 entführt sein kann, während Hincmar diese Gewaltthat Bosos schon ins Jahr 876 setzt. Aus diesem chronologischen Irrtum Hincmars folgt, dass er entweder spätere Zusätze gemacht hat, die er dann chronologisch falsch einfügte, oder dass er zunächst für seine Annalen vereinzelte kurze Notizen sammelte und diese in längeren oder kürzeren Zwischenräumen ausarbeitete, wobei er dann dies Ereignis, von dem er nur durch Hörensagen wissen konnte, an eine falsche Stelle verschob. — Im Jahre 879 bewog Boso, wie Hincmar[2] berichtet, von seiner Gemahlin angespornt, die Bischöfe der Gebiete, aus denen nachher sein Königreich der Provence sich bildete, teils durch Drohungen, teils durch Versprechungen von Abteien und Gütern, ihn zum König zu weihen. Damit stimmen sowohl die ann. Vedast.[3] wie das chron. Reg. überein.

Weiter berichtet Hincmar[4] von der Empörung Bosos. Er selbst hatte sich in die Berge geflüchtet, seine Gemahlin und Tochter mit einer grossen Anzahl seiner Leute in Vienne zurückgelassen, das nun von den Söhnen Ludwigs des Stammlers belagert wurde. Im September 882 nach dem Tode Ludwig's erhielt Karlmann von der Eroberung dieser Stadt Nachricht. Abweichend hiervon berichten die ann. Vedast.[5] zum Jahre 880, dass die Belagerer, da sie einsahen, dass sie nichts ausrichten konnten, sich zurückzogen. An Hincmars Glaubwürdigkeit, der hierüber sehr gut unterrichtet sein musste, ist wohl nicht su zweifeln. Die Angaben beider Annalen lassen sich dahin vereinigen, dass beim Beginn

---

1) Muratori, annali d'Italia a. 877. Dümmler, ostfr. R. I, 480 u. 66.
2) Ss. I, 512.  3) Ss. II, 197; I, 590.
4) Ss. I, 513. 514.  5) Ss. II, 197.

des Winters 880/881, nachdem ausserdem Karl III. seine Beteiligung bei der Belagerung aufgegeben hatte, die Belagerung eingestellt wurde, um dann später wieder aufgenommen zu werden. Hincmar berichtet also hier mit Ausnahme des chronologischen Versehens glaubwürdig.

### Hugo, Sohn Lothars und der Waldrada.

Hugo, der uneheliche Sohn Lothars und der Waldrada, wird zuerst erwähnt von Hincmar im Jahre 867, wo ihm Lothar das Elsass gab und ihn dem Schutze Ludwigs empfahl, weil er seine Romfahrt antreten wollte. In seinem Berichte[1] über die Synode von Troyes 878 erwähnt Hincmar die Exkommunikation Hugos, ohne dass er weder im Vorhergehenden von dessen Vergehungen gesprochen hat, noch es für notwendig hält, bei Erwähnung des über ihn verhängten Bannfluches den Grund desselben anzugeben. Die Ursache der Exkommunikation waren die Verwüstungen, die Hugo im Bunde mit einer Räuberbande im nördlichen Lothringen verübte, um sich des väterlichen Reiches zu bemächtigen. Davon sprechen zwei päpstliche Schreiben vom Jahre 878,[2] in deren ersterem der Papst Lothar mit der Exkommunikation droht, im letzteren Hugo auffordert, dass er den Raub seiner Leute zurückgeben sollte. Hincmar selbst war über diese Plünderungen Hugos sehr wohl unterrichtet, wie wir aus einem bei Flodoard[3] erhaltenen Schreiben ersehen. Hincmars Pflicht als Historiker wäre es also gewesen, die Gründe der Exkommunikation, zumal da er sie kannte, mitzuteilen. Erst zum Jahre 879 erwähnt[4] er die erneuten Einfälle Hugos in das Reich seines Vaters. Übereinstimmend mit Hincmar berichten dies auch die ann. Fuld.[5] Um diesem Unwesen Einhalt zu thun, wurde, wie Hincmar[6] berichtet, beschlossen, dass die Söhne Ludwigs des Stammlers mit einem Heerhaufen Ludwig's, des Königs von Deutschland, Hugo in Attigny angreifen sollten. Als sie dorthin kamen, fanden sie Hugo selbst nicht anwesend, griffen aber seinen Schwager Theut-

---

1) Ss. I, 508.   2) Jaffé 3184. 3125.
3) Flod. hist. eccl. Rem. III, c. 26, scr. XIII, 545.
4) Ss. I, 512.   5) Ss. I, 393.
6) Ss. I, 513.

bald an, den sie in die Flucht schlugen. Darauf bezieht sich die
Angabe der ann. Fuld.,¹ dass Ludwig, der ostfränkische König,
gegen Hugo unter Heinrich und Adalhard ein Heer sandte, das
den Hugo besiegte. Ein Unterschied besteht zwischen beiden
Annalen darin, dass die ann. Bert. den Erfolg des Kampfes den
beiden Söhnen Ludwigs des Stammlers, die ann. Fuld. den
deutschen Fürsten zuschreiben. Die Glaubwürdigkeit der ann.
Fuld. wird wahrscheinlicher durch den Bericht der ann. Vedast.,²
wonach Heinrich den Theutbald in die Flucht schlug. Dass
Hincmar die Thatsachen zu Gunsten der beiden westfränkischen
Könige entstellt hat, ist bei seiner Missstimmung gegen dieselben
kaum anzunehmen. Demnach muss Hincmar hierüber weniger
gut unterrichtet gewesen sein. Im Jahre 882 verlieh Karl III.,
wie Hincmar³ berichtet, dem Hugo die reichen Einkünfte des
Bistums von Metz. Diese Notiz findet sich nur bei Hincmar.
Dagegen übergeht derselbe, dass Hugo sich 881 freiwillig der
Huld des westfränkischen Königs Ludwig empfahl, bald darauf
aber wieder von ihm abfiel und von einem Heere Ludwigs zur
Flucht nach Burgund gezwungen wurde. Dies erfahren wir
allein aus den ann. Fuld.⁴

Hincmars Glaubwürdigkeit und historische Befähigung verdient hier kein grosses Lob. Zunächst erwähnt er die Exkommunikation Hugos, ohne den Grund derselben anzugeben, sodann schreibt er, weil er schlecht unterrichtet war, den Erfolg des Zuges gegen Hugo den westfränkischen Königen zu. Schliesslich verschweigt er, wohl in missgünstiger Weise, den Erfolg Ludwigs gegen Hugo im Jahre 881.

### Acfrid und Gerard von Bourges.

Karl entsetzte 867⁵ ganz willkürlich den Grafen Gerard von
Bourges, zu dessen Nachfolger er Acfrid ernannte. Die Leute
des ersteren, darüber erbittert, wehrten sich dagegen; es kam
zu einem Kampfe, in dem Acfrid sein Leben verlor. Deswegen
unternahm Karl im Januar 868 einen Rachezug gegen Gerard,
gegen den er nichts auszurichten im Stande war. Dafür aber
verwüstete das königliche Heer den Gau von Bourges auf das

---

1) Ss. I, 394.   2) Ss. II, 198.
3) Ss. I, 514.   4) Ss. I, 394.
5) Ss. I, 476.

schonungsloseste. Für diesen Vorfall sind wir allein auf Hincmars Bericht angewiesen. Trotzdem aber müssen wir ihm eine kurze Betrachtung widmen, weil in ihm die Missstimmung des Erzbischofs gegen den König, die schon 866 begann, überaus deutlich zu Tage tritt und Hincmar bei der Aufzeichnung dieses Vorfalles mehr als nötig beeinflusste. Gewiss übertrieben ist die Angabe, dass Karl von Acfrid durch bedeutende Geldgeschenke gewonnen war, ferner dass Gerard ohne den mindesten Grund eines Vergehens abgesetzt wurde, sowie der Bericht über die Plünderungen Karls im Gau von Bourges. Aus dem ganzen Berichte spricht deutlich die heftige Erbitterung Hincmars gegen Karl, den er nicht genug tadeln kann. Daher ist diese Erzählung stellenweise nur sehr vorsichtig zu benutzen.

### 2) Streitigkeiten und Unterhandlungen mit äusseren Feinden.

Bei dem immer mehr zunehmenden Verfall des westfränkischen Reiches ist es kein Wunder, dass dasselbe stark von äusseren Feinden heimgesucht wurde. Zu ihnen gehören besonders die Briten und Normannen.

#### a) Streitigkeiten mit den Briten.

Von diesen äusseren Feinden des westfränkischen Reiches sind die Briten diejenigen, welche demselben am wenigsten Schwierigkeiten machten; wir finden sie bald im Bunde, bald im Kampfe mit dem westfränkischen Könige. Über die Britenkriege ist Hincmar unsere Hauptquelle; doch schweigt auch sie vom Jahre 874 an vollständig. Die Ereignisse, die in unseren Annalen erwähnt werden, berührt nur noch für das Jahr 863 und 874 das chron. Reg.; für die übrigen Jahre kann also die Glaubwürdigkeit Hincmars nicht beurteilt werden.

Zum ersteren Jahre (863) berichtet Hincmar entschieden günstig für Karl den Kahlen. Nach den Angaben der Ann. Bert.[1] gelobte Salomo freiwillig Treue, wofür er von Karl beschenkt wurde. Anders schildert uns Regino[2] den Hergang: nach ihm gab Karl den Zug gegen Salomo im Gefühl seiner Schwäche auf und bot ihm den Frieden an. Wenn wir dem, abgesehen von seinen chronologischen Irrtümern, gut unterrichteten chron. Reg. Glauben schenken dürfen, so hätte demnach Hincmar den Her-

---

1) Ss. I, 459.   2) Ss. I, 578.

gang ganz und gar parteiisch zu Gunsten seines Königs, mit dem er in damaliger Zeit noch in gutem Einvernehmen stand, gefärbt.

Erst im Jahre 874 finden sich über die Briten Nachrichten der übrigen Annalen. Die in den Ann. Bert.[1] etwas ausgeführte Erzählung von der Ermordung Salomos findet sich bestätigt durch den kurzen Bericht des chron. Reg.[2] In den folgenden Jahren ist, wie schon gesagt, von den Briten nichts erwähnt.

b) Streitigkeiten mit den Normannen.

Bedeutend gefährlichere Feinde als die Briten waren die Normannen, die in damaliger Zeit fast in jedem Jahre unter den furchtbarsten Verwüstungen in das fränkische Reich einfielen; sie bildeten die Hauptplage des ost- und westfränkischen Reiches. Daher ist es kein Wunder, wenn über sie verschiedene gut unterrichtete Quellen vorliegen. Von diesen ist jedoch das chron. Norm. gar nicht zu berücksichtigen, da es nur die Ann. Bert. ausschreibt. Ausführliche und zuverlässige Nachrichten bieten die ann. Fuld., die ann. Xant. bis zum Jahre 874 und von diesem Jahre ab die ann. Vedast. sowie das chron. Reg. Für einige Jahre liegen uns über Normanneneinfälle gar keine Quellen vor; andrerseits aber berichten hierüber für die Jahre 861, 864, 867, 879 nur die ann. Bert.

Da die Angaben Hincmars über Normanneneinfälle in den Jahren 862, 865, 866, 868, 869, 872 mit den übrigen Quellen vollständig übereinstimmen, so wenden wir uns sofort zu einer Prüfung des Hincmarschen Berichtes über das Jahr 873.

Im folgenden Jahre (873) hatten sich die Normannen der Stadt Angers bemächtigt. Um ihrem weiteren Vordringen endlich ein Ziel zu setzen, brach Karl unter dem Vorwande eines Zuges gegen die Briten gegen sie auf. Der Bericht Hincmars[3] stimmt in den Hauptpunkten mit dem Reginos[4] überein; nur erzählt letzterer viel ausführlicher und scheint auch besser unterrichtet zu sein. Die Angaben beider Annalen gehen auseinander in dem Berichte über die Befestigung von Angers. Nach dem chron. Reg. ist Angers überaus stark befestigt und fast unein-

---

1) Ss. I, 497.      2) Ss. I, 586.
3) Ss. 1, 496.      4) Ss. 585.

nehmbar; nach den ann. Bert. muss Angers sehr schwach befestigt gewesen sein: denn sie berichten, dass Karl zur Belagerung der Normannen in Angers zog, weil er fürchtete, sie könnten sich bei der Nachricht von seinem Herannahen in einen Ort, wo die Belagerung mit mehr Schwierigkeiten verbunden wäre, zurückziehen. Für den Bericht Reginos spricht die heutige Lage der Stadt. Dieselbe ist teils an dem Ufer der breiten Mayenne, teils amphitheatralisch an dem Abhange einer Anhöhe erbaut.

Ferner erwähnt Hincmar wohl absichtlich nichts von der habsüchtigen Handlungsweise Karls des Kahlen, von der das chron. Reg. und die ann. Vedast. sprechen. Nach ihrem Bericht scheute sich Karl nicht, den gefährlichen Feinden gegen Geld freien Abzug zu gestatten; nach Hincmar dagegen schloss Karl mit ihnen einen höchst ehrenvollen Frieden. Zu bemerken ist ferner noch, dass Regino den glücklichen Kampf gegen die Normannen besonders der Tüchtigkeit und Erfindsamkeit der Briten zuschreibt, die auf den Einfall kamen, den Fluss aus seinem Bette abzuleiten. Hincmar dagegen nimmt diese Erfolge für seinen König in Anspruch. Auch verschweigt Hincmar, der doch über diese Vorfälle sehr gut unterrichtet sein musste, dass die Normannen die geleisteten Eide und die Autorität Karls nicht im geringsten achteten, was wir aus dem chron. Reg. ersehen, nach dessen Angaben die Normannen nun noch viel ärger als früher in Frankreich hausten.

Der Bericht Hincmars ist also hier entschieden zu Gunsten seines Königs gefärbt; die Abweichung von dem chron. Reg. hinsichtlich der Befestigung von Angers beruht wohl auf einem Versehen Hincmars.

Im Jahre 876 drangen die Normannen, nachdem sie zwei Jahre das Reich verschont hatten, wiederum in die Seine ein. Dies berichten sowohl die ann. Bert.[1] wie die ann. Vedast.;[2] doch gehen sie insofern auseinander, als nach den ann. Vedast. Karl gegen die frechen Eindringlinge ein Heer sandte, das aber nichts ausrichtete, während nach unseren Annalen Karl, ohne sich durch diesen Einfall in seinem Vorhaben, das Reich des verstorbenen Ludwigs des Deutschen, zu erobern, stören zu lassen, Konrad und andere Grosse zu den Normannen sandte, um mit diesen

1) Ss. I, 501.   2) Ss. II, 196.

auf irgend eine Weise einen Vertrag zu schliessen. Den Zug, den Karl gegen die Feinde richten liess, übergeht Hincmar hier wohl wegen der Erfolglosigkeit desselben. Die Friedensunterhandlungen Karls mit den Normannen erwähnen auch die ann. Vedast. Die Glaubwürdigkeit des Hincmarischen Berichtes,[1] dass Karl mit den Normannen in Unterhandlungen trat, wird erhöht durch die Nachricht der ann. Vedast.[2] sowie durch das von Karl am 7. Mai in Compiègne[3] erlassene Edict über die Normannensteuer. Dasselbe stimmt, wenn auch nicht wörtlich, so doch dem Inhalte nach genau mit dem bei Hincmar erhaltenen Edict überein; durch die erhaltene Urkunde bestätigt sich auch die Angabe, dass der Tribut nur von Neustrien und Burgund mit Ausschluss des neuerworbenen Lothringens eingetrieben werden sollte. Falsch ist die Angabe Hincmars, dass dies Edict am 14. Juni in Quierzy erlassen ist; der Befehl, der in Compiègne ausgestellt ist, trägt das Datum des 7. Mai.

Dem zum Jahre 879 allein von Hincmar erwähnten Siege der westfränkischen Könige schliesst sich ein zweiter durch den ostfränkischen Ludwig im Jahre 880 bei Thiméon an der Sambre errungener an. Hincmar[4] erwähnt von diesem Erfolge ganz kurz, dass Ludwig auf Normannen stiess und eine grosse Anzahl derselben vernichtete. Viel genauere Nachrichten finden sich im chron. Reg.,[5] den ann. Fuld.[6] und Vedast.,[7] die den äusserst knappen Bericht der ann. Bert. als wahr erweisen. Die weiteren Berichte Hincmars über die Verluste desselben Königs in Sachsen finden sich bestätigt durch die ann. Fuld. Noch in demselben Jahre sandten die beiden westfränkischen Könige Ludwig und Karlmann ein Heer gegen die in Gent sich aufhaltenden Normannen, wie dies kurz die ann. Bert., ausführlicher die ann. Vedast. erzählen.

Hatten die westfränkischen Könige schon in den letzten Jahren der Normannenplage abzuhelfen gesucht, so wurde im Jahre 881 ihr Bemühen vom herrlichsten Erfolge gekrönt. Es gelang

---

1) Ss. I, 502. 503.  
3) Ll. I, 536.  
5) Ss. I. 590. 591.  
7) Ss. II, 198.

2) Ss. II, 196.  
4) Ss. I, 512.  
6) Ss. I, 393.

Ludwig, dem Sohne Ludwigs des Stammlers, die langjährigen Feinde in der vielbesungenen Schlacht von Saucourt zu überwältigen. Von fast allen gleichzeitigen Annalen ist dieser Sieg teils ausführlich, teils weniger genau geschildert.[1] Der hohen Bedeutung dieser Normannenniederlage ist von Dümmler eine eingehendere Würdigung[2] zu Teil geworden, die es überflüssig macht, hier näher darauf einzugehen. Trotz alledem erwähnt Hincmar[3] den Sieg mit mehr tadelnden als lobenden Worten. Dieser Bericht Hincmars bezieht sich einseitig darauf, dass, wie wir aus den ann. Vedast.[4] ersehen, die Normannen die Krieger Ludwigs, die sich im Bewusstsein ihres Erfolges der Ruhe hingegeben hatten, nochmals überfielen und ihnen sogar einige Verluste beibrachten, bis es dem Könige gelang, den Sieg wiederherzustellen. Kein Wort des Lobes und der Anerkennung findet sich bei Hincmar über dies glückverheissende Ereigniss.[5] Sein Verhältnis zu diesem König[6] war ein ziemlich getrübtes. Doch hätte ihn als Geschichtsschreiber dies nie dazu verleiten dürfen, den Ruhm seines Fürsten absichtlich zu verkleinern und dadurch, dass er eher von einer Niederlage als von einem Siege berichtet, sich einer wissentlichen Entstellung der ihm wohlbekannten Thatsachen schuldig zu machen.

Den zweiten Zug Ludwigs in diesem Jahre, sowie die Erbauung eines Castells bei Etrun gegen die Normannen teilt Hincmar übereinstimmend mit den ann. Vedast[7] mit; doch kann er es auch hier nicht unterlassen, diesem Berichte die gehässige Bemerkung, dass dieses Castell mehr den Feinden als Zufluchtsort, als den Christen als Verteidigungsstätte diente, einzufügen. Diese Nachricht, mit der Hincmar nichts anderes bezweckt, als die Verdienste Ludwigs möglichst herabzusetzen, ist entschieden aus der Luft gegriffen. Im Gegensatze hierzu berichten die ann. Vedast. von dem Abzuge der Normannen und sagen, dass diese von nun an begannen, den König zu fürchten. Zu dem Jahre

---

1) Dümmler, ostfr. Reich II, 152, n. 18.
2) Dümmler, ostfr. Reich II, 153—155.
3) Ss. I, 513.   4) Ss. II, 199.
5) Schrörs, Hincmar r. R. p. 440.
6) Dümmlers, ostfr. Reich II, 152, n. 18.
7) Ss. II, 199.

882 berichtet Hincmar,[1] wie die ann. Vedast.,[2] Fuld., S. Maximini Trevirensis[3] und das chron. Reg., von der Verwüstung der mächtigen Städte Cöln, Trier und Achen samt den umliegenden Klöstern und Städten, ferner von dem Widerstande Walas von Metz und dessen Untergang. Von der Belagerung der Normannen durch Karl III. in Elsloo an der Maas und dem schmachvollen Frieden Karls mit den Feinden sprechen ausführlicher als die ann. Bertin.[4] die ann. Fuld.[5] sowie kurz die ann. Vedast.[6] Für die Plünderung Laons sowie der Umgegend von Reims, die Flucht des Erzbischofes sind wir allein auf die hier sicherlich glaubwürdige Darstellung Hincmars, der diesen Ereignissen als Augenzeuge beiwohnte, angewiesen.

In seinen Angaben über Normannenkriege verdient Hincmar also kein allzu grosses Vertrauen. In seinem Berichte über die Lage von Angers (873) sowie in seiner Angabe über das Datum und den Ort, an dem das Edict über den Normannentribut erlassen wurde, ist er offenbar schlecht unterrichtet. Andererseits aber lässt er sich mehrere bewusste Entstellungen von Thatsachen, die ihm wohl bekannt sein mussten, zu Schulden kommen; so ist dies der Fall bei seiner entschieden zu Gunsten Karls des Kahlen gefärbten Darstellung der Belagerung der Normannen in Angers (873) sowie des mit diesen abgeschlossenen Friedens, sowie bei seinem Bericht über die Schlacht von Saucourt und die Erbauung des Castells bei Etrun, der entschieden von einer heftigen Missstimmung gegen Ludwig, den Sohn Ludwigs des Stammlers, zeugt.

Teil II.

## Glaubwürdigkeit Hincmars in seinem Berichte über Angelegenheiten, über die er weniger gut orientiert sein konnte.

### A. Glaubwürdigkeit Hincmars in seinem Berichte über ostfränkische Reichsgeschichte.

Musste Hincmar über die kirchenpolitischen Streitigkeiten seiner Zeit und über die Angelegenheiten des westfränkischen

---

1) Ss. I, 513. 514.  2) Ss. II, 199; I, 395; IV, 7.
3) Ss. I, 593.      4) Ss. I, 514.
5) Ss. I, 395.      6) Ss. II, 199.

Reiches gut orientiert sein, so war dies hinsichtlich der ostfränkischen Reichsgeschichte weniger der Fall. Auch hier wird es notwendig sein, einen kurzen Blick auf die Stellung Hincmars zu diesem Lande und dessen Herrschern zu werfen. Als Anfang des Jahres 857 ein Aufruhr in Aquitanien ausbrach, die Verwüstungen der Normannen immermehr um sich griffen und die verräterischen Pläne der westfränkischen Vasallen, die Ludwig den Deutschen zu einem Heereszuge aufforderten, immermehr überhand nahmen, trat Hincmar dem ostfränkischen Könige aufs entschiedenste entgegen. Das im August 858 ungefähr verfasste Schreiben,[1] in dem er dem Könige von seinem Vorhaben abriet, hatte keinen Erfolg. Ludwig drang ungehindert in Westfranken im September ein. Alles beugte sich seiner Übermacht; nur die Bischöfe unter der festen Leitung Hincmars beharrten bei ihrem Widerstande. Ludwig forderte daher die Bischöfe zu einer Versammlung in Reims auf, um dort mit ihnen Rat zu halten. Sofort berief nun Hincmar die Bischöfe der Provinzen Reims und Rouen nach Quierzy, von wo ein umfangreiches Sendschreiben,[2] dessen Verfasser Hincmar ist, an den deutschen König abgesandt wurde. In diesem Schreiben nahmen die Bischöfe zu Gunsten der legitimen Fürsten gegen den Eindringling entschieden Stellung ein. Noch einmal versuchte der deutsche König den Reimser Erzbischof durch einen Besuch in Reims zu seinen Gunsten umzustimmen; aber auch dies war vergebens.

Nicht lange darauf — am 28. Mai 859 — kam in Folge der Annäherung Lothars an Karl den Kahlen ein Concil lothringischer und westfränkischer Bischöfe zu Metz zu Stande. Dieselben legen folgende Friedensbedingungen dem deutschen Könige vor: Bekenntnis seines Unrechtes und Busse; eine persönliche Zusammenkunft mit Karl zum Abschluss eines Friedensvertrages; das Versprechen, dass ähnliches nicht mehr vorkommen solle; das Gelöbnis, mitwirken zu wollen, dass die Kirche allenthalben ihre Rechte wieder erlangt. Diese Bedingungen überbrachten die Gesandten, an ihrer Spitze Hincmar, am 4. Juni in Worms. Hier scheint Hincmar, wie dies bei der Energie und Strenge seines Charakters wohl denkbar ist, einen allzuheftigen Ton dem Könige

---

1) Flod. hist. eccl. Rem. III, c. 20, SS. XIII, 511.
2) Opp. II, 126—142.

gegenüber angeschlagen zu haben; wenigstens musste er zu wiederholten Malen zur Mässigung ermahnt werden. Wie weit sich Hincmar an den darauf folgenden Friedensverhandlungen beteiligte, lässt sich eingehend nicht mehr ermitteln.

Nachdem noch einige Jahre das schlechte Einvernehmen zwischen Ludwig dem Deutschen einerseits und Karl dem Kahlen andererseits fortbestanden hatte, suchte Ludwig 862 ein freundliches Einvernehmen herzustellen, indem er seinen Bruder zu einer Zusammenkunft in Sablonières bei Toul mit sich und Lothar aufforderte. Doch fand bei dieser Zusammenkunft Ludwig den westfränkischen Staatsmann keineswegs versöhnlich gestimmt: es wurde ihm hier eine aus Hincmars Feder geflossene Denkschrift vorgelegt, die er nur nach heftiger Gegenrede entgegennahm. Doch schon im folgenden Jahre schien sich das Verhältnis zwischen den beiden Brüdern zu einem besseren zu gestalten. Im Jahre 865 wurde dann nach langen Friedensunterhandlungen der Freundschaftsbund zu Tousy besiegelt. Hier trat auch Ludwig in nahen Verkehr mit Hincmar: in des Königs Auftrag verfasste der Erzbischof nachher eine Abhandlung[1] über einen dunklen Psalmenvers. Dieses freundschaftliche Verhältnis zwischen Ludwig und Hincmar blieb mehrere Jahre bestehen und fand in einer vertraulichen Correspondenz ihren Ausdruck.[2] Hincmars Bemühungen war es wohl auch zu verdanken, dass im Jahre 868 zwischen Karl und Ludwig eine Verständigung zu Stande kam. Doch schon im nächsten Jahre, als Karl nach dem Tode Lothars seinem Bruder feindlich gegenübertrat, schwand das gute Einvernehmen zwischen Ludwig und Hincmar.

Als 875 nach dem Tode Ludwigs von Italien Karl dessen Reich an sich zu bringen suchte, drang Ludwig zum zweiten Male während der Abwesenheit seines Bruders in dessen Reich ein. Wiederum richtete Hincmar[3] voll Besorgnis ein Sendschreiben an die Bischöfe seiner Provinz. Auch jetzt wieder gebührte dem Erzbischof das Lob, zum zweiten Male wesentlich zur Erhaltung der Herrschaft Karls des Kahlen beigetragen zu haben. Nach Verlauf von 4 Jahren unternahm der ostfränkische

---

1) Opp. II, 152 ff.
2) 5 Briefe bei Flod. hist. Rem. eccl. III, c. 20, Ss. XIII, p. 511.
2) Opp. II, 157—179.

König, von Gauzlin und Konrad aufgefordert, einen Zug nach Westfranken, um die beiden jugendlichen Söhne Ludwigs des Stammlers aus ihrem Erbe zu verdrängen. Hier suchte Ludwig sogar den Erzbischof in das deutsche Interesse hinüberzuziehen[1]: er forderte ihn auf, ihm entgegenzukommen, was dieser aber wegen seines leidenden Zustandes ablehnte, aber auch bei voller Gesundheit auf keinen Fall gethan haben würde; denn zu derselben Zeit forderte er den Bischof Hetilo von Noyon[2] auf, energischen Widerstand zu leisten. — Dies ist im wesentlichen die Stellung Hincmars zum ostfränkischen Reiche, die natürlich auch bei der Beurteilung seiner Glaubwürdigkeit in seinen Angaben über die Angelegenheiten dieses Reiches zu berücksichtigen ist.

**I) Streitigkeiten des deutschen Königs mit inneren Feinden.**

Empörungen der Söhne Ludwigs des Deutschen gegen ihren Vater.

Wie der westfränkische König viel unter dem Ungehorsam seiner Söhne zu leiden hatte, so auch Ludwig der Deutsche. Den Anfang hierin machte sein Sohn Karlmann.

Empörung Karlmanns gegen seinen Vater.

Ueber Karlmanns Aufstand stehen uns ausser Hincmars Annalen nur noch die über ostfränkische Angelegenheiten sehr gut unterrichteten ann. Fuld. zu Gebote. Beide Quellen weichen verschiedentlich von einander ab. Zunächst ist in den ann. Fuld.[3] der Aufstand Karlmanns als Folge der Entsetzung seines mächtigen Schwiegervaters Ernst, in den ann. Bert.[4] als Ursache derselben dargestellt. Weiter berichtet Hincmar, Karlmann habe sich mit Hilfe des Slavenfürsten Restizes eines grossen Teiles des väterlichen Reiches bis zum Inn bemächtigt. Mit diesem sicherlich übertriebenen Berichte nicht übereinstimmend sagen die ann. Fuld, dass Karlmann die Markgrafen von Pannonien und Kärnthen vertrieb und seine Getreuen an ihre Stelle setzte. Sicherlich ist wohl in beiden Fällen den Angaben der Fuldaer Annalen der Vorzug zu geben. Denn einerseits ist es bei dem Charakter Ludwigs des Deutschen kaum glaublich,

---

1) Flod. III, c 23, Ss. XIII, p. 534.
2) Flod. III, 23, Ss XIII, p. 534.
3) Ss. I, 374.      4) Ss. I, 450.

dass er, wie Hincmar will, sich von dem Aufstande seines Sohnes hätte bewegen lassen, seinen Unwillen und seine Strafgewalt auch auf dessen Schwiegervater auszudehnen, andererseits liegt die Übertreibung von Hincmars Angabe, Karlmann habe einen sehr grossen Teil des väterlichen Reiches ohne Weiteres erobert, auf der Hand. Ebenso ist es wohl von Hincmar zu viel gesagt, wenn er zu der Aufnahme, die die Neffen Ernsts bei Karl fanden, bemerkt, dass fast alle, die in letzter Zeit von Karl zu Ludwig abgefallen waren, zu Karl zurückkehrten und von diesem ehrenvoll aufgenommen wurden.

In ihrer Darstellung der im Jahre 862 erfolgten Versöhnung zwischen Vater und Sohn stimmen beide Annalen überein.[1] Auch der hierin zu Tage tretende Sinn Ludwigs macht es ebenso unwahrscheinlich, dass er wegen des Vergehens seines Sohnes dessen Schwiegervater zur Bestrafung zog, wie dass bei der so schnell erfolgten Versöhnung Karlmann in so hohem Grade das Reich seines Vaters schädigte.

Von dem Zuge Ludwigs[2] gegen seinen Sohn noch am Ende des Jahres 862 wissen die ann. Fuld. nichts, die erst wieder 863 von dem Aufstande Karlmanns sprechen. In diesem Jahre erzählen beide Annalen[3] von einem Zuge Luwigs gegen Karlmann, der, von seinen Anhängern im Stich gelassen, auf einen Kampf mit seinem Vater verzichten musste. Nach Hincmar wurde er von Restizes verlassen, nach dem Fuldaer Annalisten war der Graf Gundacar von Ludwig bestochen, heimlich von seinem Herrn abzufallen. Auch hier ist wohl den ann. Fuld. mehr Glaubwürdigkeit beizumessen. Denn Restizes würde sicherlich die Gelegenheit, mit einem andern mächtigen Heere verbündet, erfolgreich gegen seine alten Feinde zu kämpfen, sich nicht haben entgehen lassen. Beide Annalen stimmen dann wieder in ihren Angaben über den Friedensschluss überein. Vom Jahre 864 an verlassen uns die ann. Fuld. und wir sind nur auf Hincmars Bericht angewiesen.

Beide Annalen gehen also in dem Berichte über diese Angelegenheit in verschiedenen Punkten auseinander. Der Grund der

---

1) Ss. I, 457. 374.  2) Ss. I, 459.
3) a. a. O. Ss. I, 374.

Abweichung der ann. Bert. von den ann. Fuld. ist darin zu suchen, dass Hincmar von dem Schauplatz der Begebenheiten zu weit entfernt und deshalb weniger eingehend unterrichtet war.

### Empörung Ludwigs und Karls gegen ihren Vater.

Kaum war der Aufstand Karlmanns erstickt, als auch schon Ludwig und bald darauf Karl sich zu einem gleichen, ruchlosen Unternehmen gegen ihren Vater hinreissen liessen. Für den Aufstand dieser beiden jüngeren Söhne Ludwigs des Deutschen stehen uns zur Prüfung der Glaubwürdigkeit Hincmars mit Ausnahme einer kurzen Notiz der ann. Xant. zum Jahre 873 nur noch die Angaben der ann. Fuld. zu Gebote. Über die Entzweiung Ludwigs mit seinem gleichnamigen Sohne wegen dessen Verlobung mit der Tochter Adalhards, der Versöhnung beider durch Vermittlung Karls des Kahlen unter der Bedingung der Auflösung der Verlobung ist Hincmar unsere einzige Quelle.

Den Angaben Hincmars[1] treten im Jahre 866 die der ann. Fuld.[2] zur Seite. In diesem Jahre empörte sich Ludwig gegen seinen Vater, weil dieser ihm Lehen entzogen hatte. Der Bericht Hincmars über diesen Aufstand stimmt bis auf einige kleine Abweichungen mit dem der ann. Fuld. überein. Hincmar sagt, Ludwig habe auf den Rat Werners und Anderer, denen sein Vater Lehen genommen hatte, gegen den letzteren die Streitigkeiten begonnen; nach den Angaben der ann. Fuld. zog Ludwig die Grafen Werner, Uto und Berengar in seine Pläne. Von Hincmar ist also Ludwig als der Verführte, von den ann. Fuld. als der Verführer geschildert.

Abgesehen von der für ostfränkische Angelegenheiten grösseren Glaubwürdigkeit des Fuldaer Mönches spricht gegen die Richtigkeit der Angaben unserer Annalen, dass nach dem Berichte Hincmars und der ann. Fuld. Ludwig selbst für die Aufreizung des Restes zur Teilnahme an der Verschwörung Sorge trug. Dies hätten wohl aber, wenn Hincmar richtig schilderte, auch die aufständischen Fürsten übernehmen müssen. In den übrigen Punkten stimmen beide Annalen vollständig überein.

Nachdem mehrere Jahre lang die Uneinigkeiten zwischen Vater und Sohn geruht hatten, brachen sie Ende des Jahres 870

---

1) Ss. I, 473.  2) Ss. I, 379.

von neuem aus. Nach Hincmar [1] weigerten sich die Söhne Ludwig und Karl auf Befehl ihres Vaters zu diesem zu kommen, weil sie wussten, dass auf Betreiben ihrer Mutter ihr Vater gegen ihren Bruder Karlmann günstiger gestimmt war als gegen sie. Dies stimmt zu den ann. Fuld., die sagen, dass die Söhne unwillig waren, weil der Vater ihnen gegen die testamentarische Bestimmung einen Teil des Reiches genommen und Karlmann geschenkt hatte. Ebenso bezeugen die ann. Fuld., dass sie sich gegenseitig Friede gelobten, und eine Verständigung bis zum Mai 871 verschoben werden sollte.

Weiter berichtet Hincmar,[2] dass beide Söhne sich an ihren Oheim Karl den Kahlen wandten mit der Bitte, sie mit ihrem Vater zu versöhnen. Karl nahm daraufhin Gesandte beider mit sich zur Unterredung mit Ludwig nach Maestricht. Diesem widersprechend berichten die ann. Fuld.,[3] dass die Söhne Ludwigs sich nicht mit ihrem Vater versöhnen wollten. Wer von den beiden Annalisten hier glaubwürdiger ist, lässt sich bei dem Mangel an anderen Quellen schwer entscheiden. Für die Glaubwürdigkeit des Hincmarischen Berichtes, dass die Söhne die Aussöhnung suchten und ihre Wünsche dem Könige durch Gesandte vortragen liessen, spricht der bald darauf zwischen Vater und Söhnen abgeschlossene Frieden. Von diesem berichten die ann. Fuld.: die Söhne wären dem Könige bei seiner Heimkehr nach den östlichen Reichsteilen entgegengegangen und hätten sich nach Empfang einiger Lehen ohne Schwierigkeiten mit dem Vater versöhnt. Eine Versöhnung setzt auch die Nachricht Hincmars voraus, dass Karl von Ludwig nach dem Tode Ludwigs von Italien in das Gebiet jenseits des Jura abgesandt wurde, um möglichst viel Grosse eidlich zur Treue zu verpflichten.

Im Jahre 872 brach ein neuer Zwist zwischen den beiden Söhnen Ludwigs und ihrem ältesten Bruder Karlmann aus. Ludwig rief deswegen seine Söhne zu sich. Über diese Zusammenkunft bemerkt Hincmar, dass die beiden Söhne hinsichtlich des Friedens mit ihrem Bruder in trügerischer Weise ihre Eide leisteten, sie aber zu einem Feldzuge gegen die Slaven nicht bewogen werden konnten. Die ann. Fuld. berichten, dass die

---
1) Ss. I, 490.  2) Ss. I, 492.
3) Ss. I, 384.

drei Brüder mit einander versöhnt wurden. Beide Berichte sind jedenfalls glaubwürdig: eine formelle Aussöhnung wird also zu Stande gekommen sein, ohne dass jedoch die Zwistigkeiten faktisch beseitigt wurden.

Für Anfang Februar des Jahres 873 war nach Frankfurt ein Reichstag angesetzt worden. Hier wurde Karl III. plötzlich furchtbar von Krämpfen befallen. Diese Heimsuchung hatte die Folge, dass Ludwig und Karl, die hierin die Strafe für ihr Vergehen sahen, dem Könige schuldbewusst ihre aufrührerischen Pläne gestanden. Der Bericht Hincmars[1] hierüber ist stellenweise phantastisch ausgeschmückt und ohne historischen Wert. Hincmar begeht hier, wenn wir den ann. Fuld.[2] und Xant.[3] trauen dürfen, einen groben Fehler. Nach diesen gestanden Karl und Ludwig ihre wiederholten Versuche einer Verschwörung gegen ihren Vater ein. Hincmar aber überlässt sich hier ganz und gar seiner lebhaften Phantasie; er vergisst so vollständig, dass solche freie und sagenhafte Ausschmückungen der Geschichtsschreibung fern liegen, dass er von den Folgen des Krankheitsanfalles Karls, die bei den ann. Fuld. und Xant. hauptsächlich in den Vordergrund treten, kein Wort erwähnt.

Ausser diesem Vergehen Hincmars gegen die Geschichtsschreibung im allgemeinen finden sich in seinem Berichte über die Empörung der beiden Söhne noch einige kleinere Abweichungen von den Angaben der ann. Fuld. Sie beruhen sicher nur darauf, dass Hincmar von dem Schauplatz der Ereignisse entfernt war und daher nicht so gut wie die ann. Fuld. unterrichtet sein konnte.

### 2. Streitigkeiten des deutschen Königs mit äusseren Feinden.

#### Kriege gegen die Slaven.

Wie sich in damaliger Zeit mit den Briten ausschliesslich das westfränkische Reich zu beschäftigen hatte, so war dies der Fall beim ostfränkischen Reiche gegenüber den Slaven. Neben Hincmars Bericht, dem der ann. Xant. und des chron. Reg. stehen uns hier ganz besonders die meist sehr gut unterrichteten ann. Fuld. zu Gebote. Teils wegen des Schweigens Hincmars, teils

---

1) Ss. 495.  2) Ss. I, 385.
3) Ss. II, 235.

wegen des der übrigen Annalen muss sich die Untersuchung über die Glaubwürdigkeit Hincmars auf die Jahre 864, 869—874 beschränken.

Wie wir aus den ann. Fuld.[1] erfahren, zog Ludwig 864 über die Donau, belagerte den Restizes, der sich in einer Stadt verschanzt hatte und sich dem Könige bald unterwarf. Von diesem Erfolge sprechen noch die ann. Hildesheim., Weissenburg. und die ann. Lamberti. Dagegen berichtet Hincmar[2] zum Jahre 864 nur, dass Ludwig, wenn er in seinem Zuge gegen die Bulgaren Erfolg gehabt haben würde, beabsichtigte gegen die Slaven zu ziehen. Den Sieg des ostfränkischen Königs verschweigt Hincmar wohl nicht aus Gehässigkeit gegen denselben, sondern weil er durch kirchliche Streitigkeiten, wie die gegen Rothad von Soissons, und durch die Ehescheidungsangelegenheiten Lothars, von denen seine Annalen in diesem Jahre fast ausschliesslich berichten, zu sehr in Anspruch genommen war, um den ostfränkischen Angelegenheiten in diesem Jahre nähere Aufmerksamkeit schenken zu können. Dies beweist die nachträgliche Notiz Hincmars zum Jahre 865, in der er von der Zurückberufung des über die Slaven siegreichen Heeres Ludwigs spricht, und die sich sicher auf den Erfolg des Jahres 864 bezieht.

Im Jahre 869 unternahmen nach dem Berichte der ann. Fuld. und Bert.[3] die Slaven zahlreiche Einfälle in das deutsche Gebiet, die aber, wie die ann. Fuld. berichten, siegreich zurückgeschlagen wurden. Hincmar sagt zu diesem Jahre, dass mit den Slaven die Leute Ludwigs des Deutschen in diesem wie im vorhergehenden Jahre sehr oft im Kampfe lagen, aber nichts oder nur wenig ausrichteten, vielmehr die grössten Verluste davongetragen hätten. Diese Angabe bezieht sich jedenfalls auf die zahlreichen Einfälle der Slaven und Mähren im Anfang dieses Jahres. Von diesen berichten eingehender die ann. Fuld. — Andrerseits aber widerspricht der Bericht Hincmars dem der genannten Annalen. Nach letzteren ging Karlmann, der Sohn Ludwigs, aus einem zweimaligen Treffen mit Restizes als Sieger hervor und eroberte bedeutende Beute. Hincmar erwähnt nur ganz kurz, dass Ludwig durch Vermittlung seiner Söhne und

---

1) Ss. I, 378.  2) Ss. I, 465.
3) Ss. I, 380. 482.

Markgrafen „unter irgendeiner Bedingung" den Frieden mit den Slaven herzustellen suchte. Hier berichtet also Hincmar, der als Anhänger Karls des Kahlen Ludwig wegen der Besitznahme Lothringens feindlich gegenüberstand, einseitig von den zahlreichen Verheerungen der Slaven und von den unbedeutenden Verlusten der Deutschen. Die Waffenerfolge Karlmanns übergeht er in absichtlich verkleinernder Weise vollständig.

Zum Herbste desselben Jahres sandte nach dem Berichte der ann. Fuld. Ludwig seinen gleichnamigen Sohn gegen die Sorben, Karlmann gegen Zwentibald, er selbst wollte gegen Restizes ziehen. Durch plötzliche Krankheit daran verhindert, übertrug er seinem jüngsten Sohne Karl das Commando über sein Heer. Allen drei Brüdern gelang es, ihren Auftrag erfolgreich auszuführen und die betreffenden Völkerschaften zu unterwerfen. Nur bei Ludwig deuten die ann. Fuld. einige Verluste an. Die Erfolge Karlmanns und Karls heben auch die ann. Xant.[1] hervor. Hincmar dagegen berichtet ziemlich abweichend, ebenfalls zum Herbst des Jahres 869, dass Ludwig, der Sohn Ludwigs des Deutschen, im Bunde mit den Sachsen gegen die Slaven zu Felde zog und nach grossen Menschenverlusten auf beiden Seiten „auf irgendwelche Weise" den Sieg erlangte. Hincmar verschweigt also hier in seiner missgünstigen Stimmung gegen Ludwig die Siege seiner zwei Söhne. Er spricht nur in übertreibender Weise von den grossen Verlusten und dem mit Müh' und Not errungenen Siege Ludwigs, den er noch durch den verächtlichen Zusatz: „quoquo modo" möglichst zu verkleinern sucht.

Im Jahre 870 gelang es Karlmann durch den Verrat Zwentibalds, Restizes gefangen zu nehmen, der geblendet und ins Kloster geführt wurde. Der Bericht Hincmars[2] hierüber stimmt mit dem ausführlicheren der ann. Fuld.,[3] dem kürzeren der ann. Xant. und des chron. Reg.[4] vollständig überein. Hincmar übergeht jedoch — sei es aus Missgunst, sei es weil er os für selbstverständlich hielt, dass nach Gefangennahme des Restizes dessen Land an Ostfrankreich fiel — die Unterwerfung des Landes, von der die ann. Fuld. ausführlich sprechen.

Hincmar erwähnt zum Jahre 872 nur, dass Ludwig mit seinem Sohne Karlmann ein Heer gegen die Slaven entsandte, nach-

---

1) Ss. II, 234.   2) Ss. I, 490.
3) Ss. I, 382.   4) II, 234; I, 570.

dem er seine beiden anderen Söhne nicht hatte bewegen können, sich diesem Feldzuge anzuschliessen. Von den wiederholten, schweren Verlusten, die, wie wir aus den ann. Fuld. und Xant.[1] ersehen, Ludwigs Heere in diesem Jahre gegen diese Feinde erlitten, erwähnt Hincmar nichts. Jedenfalls bezieht sich auf diese Niederlagen der wohl etwas übertriebene Bericht Hincmars[2] (a. 873): Ludwig erhielt auf dem Reichstage zu Metz die Nachricht, dass, wenn er nicht möglichst schnell seinem Sohne Karlmann gegen die Slaven zu Hilfe kommen würde, er jenen nicht mehr wiedersehen würde.

Im Jahre 873 begannen nach den schweren Niederlagen gegen die Slaven die Friedensunterhandlungen. Den Anfang derselben bezeichnet wohl Hincmar[3] mit der Bemerkung, dass Ludwig die Fürsten der Slaven auf irgend eine Weise zum Frieden zu bewegen suchte. Diese Unterhandlungen werden längere Zeit fortgedauert haben. Denn zum Jahre 874 berichten die ann. Fuld.,[4] dass Ludwig Gesandte des Zwentibald, die um Frieden baten, empfing. Der Frieden wurde den Slaven gewährt gegen Zahlung eines Tributs. An der Glaubwürdigkeit Hincmars in Betreff des Friedensschlusses ist wohl nicht zu zweifeln. Auffallend muss es aber bei dem Berichte der ann. Fuld. erscheinen, dass die Slaven, die soeben mehrere entscheidende Siege über Ludwigs Heere davongetragen hatten, dem König sich plötzlich vollständig unterwarfen. Entweder haben die genannten Annalen den Friedensschluss zu Gunsten des ostfränkischen Königs entstellt, oder es war Ende 873 oder Anfang 874 ein entscheidender Sieg über Zwentibald davongetragen worden, von dem die erhaltenen Annalen nichts berichten.

In seinen Angaben über die Slavenkriege berichtet also Hincmar in den meisten Fällen glaubwürdig. Doch ist ihm der Vorwurf zu machen, dass er manches, namentlich Siege Ludwigs — besonders a. 869 — sei es aus Gehässigkeit, sei es aus Unkenntnis des wahren Sachverhalts verschwiegt.

B. Glaubwürdigkeit Hincmars in seinem Berichte über Vorfälle in Italien.

Hincmar konnte wegen seiner allzuweiten Entfernung von dem Schauplatze der Begebenheiten, wie über ostfränkische Reichs-

---

1) I, 384; II, 234.  2) Ss. I, 496.
3) Ss. I, 496.  4) Ss. I, 388.

geschichte, so auch über die Vorfälle in Italien nicht so gut orientiert sein.

**Folgen des Todes Ludwigs von Italien, Karls Kaiserkrönung, zweite Romfahrt und Tod.**

Der am 12. August 875 zu Brescia erfolgte Tod Ludwigs von Italien bot Karl dem Kahlen wiederum eine günstige Gelegenheit, sein Reich zu erweitern. Hincmar hielt sich von diesem Römerzuge seines Fürsten vollständig fern. Das stolze Unternehmen entsprach, wie Schrörs[1] richtig bemerkt, nicht seinen politischen Idealen, die auf Gewinnung natürlicher Grenzen und innerer Festigung des Staatswesens gerichtet waren. Phantastischen Plänen, die keine Bürgschaft für thatsächlichen Erfolg boten, stets abhold, liess sich sein kalt berechnender und praktischer Sinn auch jetzt nicht durch den trügerischen Schimmer des kaiserlichen Diadems blenden.

Karl brach sofort nach der Nachricht von Ludwigs Tode auf und drang über den St. Bernhard in Italien ein. Bald wurde Karls des Kahlen Lage eine ziemlich gefährliche, als gegen ihn der streitbare Karlmann mit einem starken Heere heranrückte. Über die weiteren Ereignisse berichten die ann. Fuld.[2] ziemlich ausführlich, aber nicht übereinstimmend mit den ann. Bert. Auf Glaubwürdigkeit können hier die ann. Fuld. ebenso viel Anspruch erheben, als die ann. Bert; die Verfasser beider waren gleichweit vom Schauplatze der Ereignisse entfernt und konnten die Vorfälle nur durch Hörensagen wissen.

In den ann. Bert. heisst es über das Zusammentreffen Karlmanns mit seinem Oheim, dass letzterer seinem Neffen entgegengezogen sei; Karlmann habe im Gefühle seiner Schwäche um Frieden gebeten. Ganz anders lautet der Bericht der ann. Fuld., hiernach suchte sich Karl vergeblich gegen die Angriffe seines Neffen zu verteidigen. Dadurch suchte jener den Karlmann durch reichliche Geschenke auf seine Seite zu ziehen, schwur ihm, seine Ansprüche auf Italien aufzugeben, wenn er ihn nicht weiter mit seinen Angriffen belästigen würde. Trotz dieses Eides zog Karl zur Kaiserkrönung nach Rom. Der niedrigen und feigen Gesinnung Karls ist ein solches meineidiges Verfahren sehr gut zuzu-

---

1) Schrörs, Hincmar v. R. p. 354.
2) Ss. I, 389.

trauen. Hincmar erwähnt dies nicht, um seinen König nicht allzusehr blosszustellen. Was seinen Bericht von den Kämpfen mit Karlmann betrifft, so entstellt er auch hier sicherlich die wahre Sachlage: es ist gegenüber der Aussage der ann. Fuld. nicht anzunehmen, dass der energische und mutige Karlmann vor einem Feiglinge wie Karl ohne weiteres die Flucht ergriffen hätte. Andrerseits ist aber der Bericht der ann. Fuld. aus einer grossen Missstimmung gegen den „Tyrannen" Karl, der „furchtsamer als ein Hase" ist, hervorgegangen; so sind die Bestechungsversuche Karls gegenüber seinem Neffen ziemlich unwahrscheinlich. — Am objectivsten und der Wahrheit am nächsten berichten wohl die ann. Vedast.,[1] nach deren Angaben durch Hin- und Hersenden von Gesandten ohne Kampf Frieden geschlossen wurde.

Durch die Kaiserkrönung hatte Karl die Beschützung der römischen Kirche übernommen. Kaum 1½ Jahr nach seiner Krönung forderte ihn der Papst durch Briefe und Gesandte auf,[2] seiner Verpflichtung nachzukommen und die römische Kirche von den Heiden zu befreien. Die Gesandtschaft des Papstes an Karl, die von diesem ungefähr Ostern 877 in Compiègne empfangen wurde und Karl um Hilfe für den päpstlichen Stuhl bitten sollte, wird bezeugt durch die Briefe,[3] die diese Gesandtschaft überbrachte. Dem Kaiser blieb nun nichts Anderes übrig als den Hilferufen des Papstes Folge zu leisten. Der Weg des Kaisers über Compiègne, Soissons, Pontyon und Langres wird bezeugt durch an diesen Orten ausgestellte Urkunden.[4] In Orbe überbrachte ihm der Bischof Adalgar ein Exemplar der Synode von Ravenna, wie wir aus Hincmar und einer alten Überschrift der Synode ersehen.[5] Der von Hincmar angegebene Inhalt der Akten, in denen besonders die Kaiserkrönung Karls für ewig bestätigt wurde, stimmt meist wörtlich mit den erhaltenen Synodalakten von Ravenna überein.[6] In Orbe erhielt der Kaiser die Botschaft, dass der Papst bis Pavia ihm entgegenzukommen gedenke.

---

1) Ss. I, 196.
2) Ss. I, 502.
3) Mansi XVII, 27. 29. 30. 47.
4) Dümmler, ostfr. R. II, 48. n. 40.
5) Walter, corp. iur. Germ. III, 201.
6) Mansi XVII, app. p. 172, tit. 51.

In Pavia traf sie die Kunde vom Herannahen Karlmanns, von dem auch die ann. Vedast. und Regino [1] kurz sprechen. Über die Flucht von Kaiser und Papst nach Tortona, sowie die der Kaiserin Richildis nach Maurienne, sowie die Verschwörung Hugos, Bosos, Bernards ist Hincmar ausser dem schlecht unterrichteten chron. Andreae Bergom. unsere einzige zuverlässige Quelle. Die weitere feige Flucht und Verzweiflung Karls berichten noch die ann. Colon., ann. Vedast., ann. Fuld.[2] und das chron. Reg. — Eine ähnliche Angabe wie bei Hincmar, dass Karlmann bei der blossen Nachricht von dem Herannahen des Kaisers und Papstes die Flucht ergriff, findet sich sonst nirgends. Auch würde sich der mutige Karlmann schwerlich durch ein solches Gerücht zur Flucht haben bewegen lassen. Hincmar, der sich hier sicherlich einer absichtlichen Entstellung schuldig macht, sucht also durch den Bericht von der Flucht Karlmanns die Feigheit seines Königs etwas zu verhüllen.

Die Vergiftung des Kaisers[3] durch den Juden Zedechias erwähnen noch die ann. Vedast. sowie Regino.[4]

Der Todestag Karls ist durch mehrere Quellen bezeugt.[5]

Hieraus geht hervor, dass Hincmar bis auf zwei Fälle glaubwürdig ist. Beim ersten Römerzuge Karls schildert er den Kampf zwischen Karl und seinen Neffen zu Gunsten des ersteren; bei dem Berichte über den zweiten Römerzug erwähnt er eine sonst nicht bezeugte Flucht Karlmanns, was sicherlich dazu dienen soll, Karls Feigheit zu verdecken.

## Schluss.

Aus dieser Untersuchung über die Glaubwürdigkeit Hincmars geht hervor, dass wir seinen Mitteilungen nicht immer unbedingten Glauben schenken dürfen. Wir müssen bei seinen Aufzeichnungen unterscheiden zwischen absichtlichen Entstellungen von Thatsachen, die er genau kennen musste, und zwischen unrichtigen Nachrichten, die auf schlechter Kenntnis des wahren Sachverhaltes beruhen.

Letzteres ist zu entschuldigen; wir finden solche falsche Nachrichten, die auf Unkenntnis der Ereignisse beruhen, in sei-

---

1) a. a. O. Ss. I, 503.      2) Ss. I, 98; II, 196; I, 391.
3) Ss. I, 50      4) Ss. II, 196.
5) Dümmler, ostfr. R. II, 55, n. 66.

nen Berichten über die Empörungen der Söhne Ludwigs des Deutschen gegen ihren Vater, die Slavenkriege, sowie die Vorgänge in Italien. Hier beruhen die unrichtigen Angaben Hincmars darauf, dass er von dem Schauplatze der Ereignisse zu weit entfernt war und über die Sachlage nicht so gut orientiert sein konnte, als die für die ostfränkische Geschichte ganz besonders gut unterrichteten Annalen von Fulda.

Wenn unrichtige Nachrichten aus diesem Grunde wohl zu entschuldigen sind, so ist es dagegen Hincmar zum argen Vorwurf zu machen, dass er sich in seinem Berichte über Thatsachen, die er ganz genau kennen musste, absichtliche und bewusste Entstellungen zu Schulden kommen lässt. Zu solchen Fälschungen gehört zunächst, dass er Niederlagen seines Königs in Siege verwandelt; dies geschieht nicht nur in der Zeit, wo er mit seinem Könige noch in gutem Einvernehmen stand, sondern auch dann noch, als er mit ihm mehr und mehr zerfiel. In letzterem Falle finden sich Entstellungen besonders dann, wenn Karl der Kahle durch Hinterlist und Feigheit seine Königswürde allzusehr preisgegeben hatte; dann sucht Hincmar diese Schwächen seines Fürsten möglichst zu verdecken.

Wie also Hincmar öfters zu Gunsten seines Königs die Thatsachen entstellt, so lässt er sich dazu auch durch seine Missstimmung gegen die Söhne Ludwigs des Stammlers verleiten; so vermutet man nach seinem Berichte über die Schlacht von Saucourt eher eine Niederlage als einen so glorreichen Sieg.

Noch mehr leidet sein Bericht an Entstellungen, wenn es ihm darum zu thun ist, seine Person in den Vordergrund zu stellen. Dies ist besonders der Fall in den kirchenpolitischen Streitigkeiten; hier ging er gegen seine Gegner nicht immer auf ehrenhafte und gesetzmässige Weise vor. Dies sucht er dann in seinen Annalen möglichst zu verdecken; sein Bericht nimmt dann mehr den Charakter einer Rechtfertigung seiner eigenen Person als den einer Geschichte seiner Zeit an. Dies tritt ganz besonders zu Tage in seinem Berichte über seinen Streit mit Rothad von Soissons, wo sich überaus viel Entstellungen finden.

Ausserdem dass Hincmar Thatsachen entstellt, verschweigt er auch sehr viel, worüber er genau orientiert sein musste. Dies gilt besonders bei seinen Erzählungen von Thatsachen, in die seine eigene Person verwickelt war. Wo er in möglichst günstigem Lichte erscheint, kann er dies nicht genug hervorheben, während er andrerseits Vorfälle, die seiner erzbischöflichen Würde und Autorität schaden könnten, vollständig übergeht. Schliesslich finden sich noch einige kleinere Versehen, die der Unachtsamkeit Hincmars zuzuschreiben sind.

Bei diesen Mängeln seines Geschichtswerkes dürfen wir aber trotzdem nie das grosse Verdienst Hincmars, dass er sich durch die Aufzeichnung seiner Annalen um unsere Kenntnis der Geschichte der damaligen Zeit erworben hat, vergessen; trotz alledem werden wir seine Annalen doch als eine der bedeutendsten und allseitigsten Geschichtsquellen der damaligen Zeit anerkennen müssen.

# Urkunden,
### die Hincmar in seinen Annalen benutzt hat.

| Anno | | Scr. I | Dissert. |
|---|---|---|---|
| | 1) In seinem Berichte über seinen Streit mit Wulfad benutzte er | | |
| 866 | a. die synodica epistula concilii Suessionensis ad Nicolaum papam . . . . . . . . | 471 | 13 |
| 867 | b. die epistula synodica concilii Tricassini ad papam, Mansi XV, 795 D. . . . . . . | 475 | 14 |
| 868 | c. das an ihn gerichtete Schreiben des Papstes, dessen Inhalt er wahrheitsgetreu berührt Mansi XV, 826 . . . . . . . . . . | 477 | 16 |
| 871 | 2) In seinem Berichte über die Absetzung Hincmars von Laon erwähnt Hincmar die Akten der Synode von Douzy le Pres . . . . . . . . . . . | 492 | 19 |
| | 3) In seinem Berichte über den Streit der griechischen mit der römischen Kirche benutzte er | | |
| 867 | a. die epistula papae ad Hincmarum et ceteros episcopos regni Karoli, Mansi XV, 357 B-D. | 475 | 21 |
| 872 | b. die regulae sanctae universalis octavae synodi c. 3 (Mansi XVI, 162) und c. 26 (Mansi XVI, 177) . . . . . . . . . . . . | 494 | 21 |
| 876 | 4) In seinem Berichte über die Verhandlungen, die wegen des Primats des Ausegis geführt wurden, zeigt er Kenntnis der capitula ab Odone proposita (Ll. I, 535) . . . . . . . . . . . . | 500 | 23 |
| | 5) In seinem Berichte über die Ehescheidungsfrage zwischen Lothar und Thietberga benutzte er | | |
| 3. Nov. 862 | a. Ludowici, Lotharii et Karoli conventus ad Sablonarias, Ll. I, 483—485 . . . . . . | 458 | — |
| 865 | b. Ludowici Germani et Karoli II. pactum Tusiacense, Ll. I, 499—501 . . . . . . | 467 | — |
| 877 | 6) In seinem Berichte über die Normannenkriege benutzte er Karoli II. edictum de tributo Normannico, 7. Mai. Compendii, Ll. I, 536. Nach Hincmar ist dies Edict am 14. Juni zu Quierzy erlassen . . . . . . . . . . . . . . . | 502 | 40 |
| 877 | 7) In seinem Berichte über die zweite Romfahrt Karls des Kahlen benutzte er die Akten der Synode von Ravenna, Mansi XVII, app. p. 172, Tit. 51 . . . . . . . . . . . . . . . | 503 | 54 |

# Urkunden,
## die Hincmar wörtlich seinen Annalen eingefügt hat.

| anno | | Scr. I | Dissert. |
|---|---|---|---|
| 870 | 1) Treueid Hincmars von Laon . . . . . . . | 487 | 18 |
| 878 | 2) Urkunde, von den Bischöfen dem Papste zu Troyes überreicht . . . . . . . . . . | 506 | — |
| 878 | 3) Excommunication des Papstes Johannes und der übrigen Bischöfe auf der Synode von Troyes gegen die Plünderer der Kirchengüter . . . | 507 | — |
| 863 | 4) Verurteilung Günthers und Thietgauds durch den Papst . . . . . . . . . . . . . | 460 | — |
| 864 | 5) Klagschrift Günthers und Thietgauds gegen den Papst . . . . . . . . . . . . . . | 463 | — |
| 865 | 6) Schwur Lothars, seine Gemahlin wieder aufzunehmen . . . . . . . . . . . . | 468 | — |
| 869 | 7) Schwur Günthers bei der Abendmahlsfeier in Rom . . . . . . . . . . . . . . | 481 | — |
| 868 | 8) Verurteilung des Anastasius durch Papst Adrian | 479 | — |
| 869 | 9) Urkunde der Krönung Karls des Kahlen zu Metz . . . . . . . . . . . . . . | 483 | 26 |
| 870 | 10) Treueid zwischen Karl dem Kahlen und Ludwig dem Deutschen . . . . . . . . . . . | 487 | 27 |
| 870 | 11) Teilungsurkunde von Mersen . . . . . . . | 488 ff. | 27 |
| 877 | 12) Urkunde der Krönung Ludwigs, des Sohnes Karls des Kahlen, zu Compiègne . . . . . | 504 ff. | 28 |
| 878 | 13) Vertrag von Foron zwischen Ludwig, Sohn Karls des Kahlen, und Ludwig, dem Sohne Ludwigs des Deutschen . . . . . . . . | 509 | — |

## Curriculum Vitae.

Natus sum ante diem XIII Kal. Jul. anni h. s. LXII Glogoviae, in oppido inferioris quae dicitur Silesiae, patre Ernesto mercatore, matre Ernestina de gente Wernigerodensi Hildebrandt, quos parentes adhuc esse superstites valde gaudeo. Fidei addictus sum evangelicae. Primis litterarum rudimentis imbutus in ordinem VI gymnasii evangelici Glogoviensis receptus sum. Quod cum maturitatis testimonium adeptus reliquissem, in universitate Lipsiensi philosophorum ordini adscriptus et philologorum et historicorum scholas frequentavi. Tum mense Aprili a. LXXXIII, cum almam Viadrinam adiissem, historicorum scholis quoad per stipendia quae tum feci licebat, interfui. Quam universitatem cum reliquissem, Lipsiam regressus per duo semestria ibi commoratus sum, quibus peractis ad studia perficienda Halam me contuli. Proseminarii regii philologici Lipsiensis sodalis fui per duo semestria, seminarii historici rectore Gardthausen per unum semestre. Seminariorum philologici et historici Halensium rectoribus Keil, Hiller, Dittenberger, Dümmler, Droysen sodalis fui per duo semestria.

Restat ut gratias agam professoribus, qui studiis meis favebant, vv. ill. Arndt, Crusius, Curtius, Gardthausen, Hirzel, Lange, Lipsius, Overbeck, Pückert, Ribbeck, Wenck; Dove; Dittenberger, Droysen, Dümmler, Haym, Hiller, Keil, Schum, Stumpf.